Heusinger
Lernprozesse digital unterstützen

Monika Heusinger

Lernprozesse digital unterstützen

Ein Methodenbuch für den Unterricht

Monika Heusinger ist Studiendirektorin für die Fächer Spanisch und Französisch am Otto-Hahn-Gymnasium in Saarbrücken, Fachleiterin für das Fach Spanisch am Staatlichen Studienseminar des Saarlandes für die Sekundarstufen I und II an Gymnasien und Gemeinschaftsschulen sowie Dozentin für Fachdidaktik Spanisch an der Universität des Saarlandes. Im Studienseminar ist sie in der erweiterten Seminarleitung u. a. zuständig für Mediendidaktik. Auf ihrem Blog »Lernen in der Postkreidezeit« hält sie Projektbeispiele aus dem Fremdsprachenunterricht sowie Überlegungen zu digitalen Veränderungen und Möglichkeiten im Bildungssystem fest.

Dieses Buch ist erhältlich als:
ISBN 978-3-407-63189-3 Print
ISBN 978-3-407-25850-2 E-Book (PDF)

1. Auflage 2020

© 2020 Beltz
in der Verlagsgruppe Beltz · Weinheim Basel
Werderstraße 10, 69469 Weinheim
Alle Rechte vorbehalten

Layout/Reihenkonzept: glas ag, Seeheim-Jugenheim
Umschlagabbildung: © gettyimages/vadimguzhva

Herstellung: Michael Matl
Satz: paginamedia GmbH, Laudenbach
Druck und Bindung: Beltz Grafische Betriebe, Bad Langensalza
Printed in Germany

Weitere Informationen zu unseren Autoren und Titeln finden Sie unter: www.beltz.de

Inhalt

Ein Methodenbuch für den Unterricht

Ein Methodenbuch als Orientierungshilfe

Das vorliegende Methodenbuch möchte Möglichkeiten aufzeigen, wie das Potenzial digitaler Medien bzw. Anwendungen in Schule und Unterricht sinnvoll genutzt werden kann. Es erhebt keinen Anspruch auf Vollständigkeit hinsichtlich der Methoden und Anwendungen. Zudem werden sich die Möglichkeiten stetig mit den technologischen Neuerungen weiterentwickeln, sodass ein Methodenrepertoire nie eine abgeschlossene Sammlung sein kann. Dieses Methodenbuch soll vielmehr als Ideenpool dienen, der erweitert und weiterentwickelt werden kann. Des Weiteren kann es als Orientierungshilfe dienen, das ein Angebot an Möglichkeiten aufzeigt, aus denen man situationsadäquat geeignete Lernsettings auswählen kann.

In dem Methodenbuch werden bewusst keine Namen von Webanwendungen oder mobilen Apps angegeben. Das hat unterschiedliche Gründe. Erstens sind Anwendungen sehr schnelllebig und bei Veröffentlichung des Buches gibt es die ein oder andere vielleicht bereits nicht mehr oder das Geschäftsmodell wurde derart geändert, dass man keine Empfehlung mehr dafür aussprechen möchte. Des Weiteren möchte dieses Methodenbuch kein Werbeportal für den ein oder anderen Anbieter sein.

Durch entsprechende Suchanfragen im Netz lässt sich jedoch die gewünschte Anwendung finden. Man findet z. B. Anwendungen für eine gamifizierte Karteikartenabfrage, wie sie in Kapitel 5.3.2 vorgestellt wird, unter den Suchbegriffen *Karteikarten Quiz*. Anwendungen zum Erstellen von Comics (s. Kap. 3.13) findet man unter den Suchbegriffen *Comics erstellen*. Bei vielen vorgestellten Möglichkeiten reicht die Sucheingabe des Anwendungstyps. Ein möglicher Suchbegriff könnte somit z. B. *VR-Editor* (s. Kap. 3.25) sein.

Es geht in dem Methodenbuch also nicht um eine Präsentation von Tools und deren Anwendungsmöglichkeiten. Es handelt sich vielmehr um ein Angebot an Methoden, wie digitale Möglichkeiten Lernprozesse unterstützen können.

Ein paar Anmerkungen zur Benutzung des Methodenbuchs

Es gibt viele Möglichkeiten, wie man das Methodenbuch für sich nutzen kann. Möchte man sich ganz allgemein über Möglichkeiten informieren, wie man Lernprozesse digital unterstützen kann, lassen sich die Kapitel linear lesen. Möchte man sich über einen bestimmten didaktischen Ansatz oder eine bestimmte Methode informieren, liest man nur den entsprechenden Teil. Kennt man bereits eine Methode und möchte nur die Umsetzungsmöglichkeiten vergleichen, liest man das entsprechende Unterkapitel. Alle Teile sind in sich geschlossene Einheiten und können daher einzeln gelesen werden.

Zur Veranschaulichung einiger Methoden wurden diesem Buch in Form eines QR-Codes® Links zu weiteren Informationen oder konkreten Beispielen hinzugefügt. Mit einer App zum Scannen des QR-Codes® oder je nach Betriebssystem auch mit der nativen Kamera-App eines Smartphones oder Tablets kann man den QR-Code® einscannen und gelangt dann zu der verlinkten Webseite. Am Ende des Buchs befindet sich eine Übersicht über die QR-Codes®, in der die Links angegeben sind, falls die Link-Eingabe bevorzugt wird. Die Beispiele sind aus dem Spanisch- oder Französischunterricht. Es geht in diesem Buch darum, die Methode exemplarisch in der konkreten Umsetzung vorzustellen. Die Beispiele sind jedoch übertragbar auf andere Fächer. Die Vorlagen können mit Lerninhalten der geplanten Unterrichtseinheit bzw. des eigenen Fachs gestaltet und entsprechend angepasst werden.

1. Lernen in einer digital geprägten Welt

Digitale Medien verändern im Alltag unsere Lebens-, Arbeits-, Lern- sowie Kommunikationsweise. Die Digitalisierung prägt im privaten Bereich die Art, wie wir uns Informationen beschaffen und informelle Lernprozesse organisieren. Schule darf dazu keine Parallelwelt darstellen. Medienkompetenz kann nicht nur informell erworben werden. Schule sollte Entwicklungsprozesse einer digital geprägten Gesellschaft mitgestalten. Dazu ist es notwendig, zu reflektieren, wie Arbeits- und Lernweisen sich durch digitale Möglichkeiten verändern, und auch für institutionalisiertes Lernen neu entstehende Wege zu gehen. Digitale Medien bieten durch die Medienkonvergenz von Text, Bild und Ton sowie ihrer Verbindung über Netzwerkkabel, WLAN oder Bluetooth neue Möglichkeiten für Schule und Unterricht, die genutzt werden sollten, um die digitale Transformation nicht nur in die Schule zu bringen, sondern auch aktiv mitzugestalten und neue Lernwege und -erfahrungen zu ermöglichen. Dadurch erlangen die Schüler*innen nicht nur Kompetenzen in konkreten technischen Anwendungen. Sie werden auch kompetent, die Risiken der Digitalisierung zu erkennen und damit angemessen umzugehen sowie die Chancen zu nutzen, um unsere Gesellschaft als mündige, kritisch denkende, verantwortungs- und selbstbewusste Bürger kreativ sowie konstruktiv mitzugestalten.

1.1 Smartphones, Tablets & Co. im Unterricht

Die privat präferierten mobilen Geräte der Schüler*innen (JIM-Studie 2018, online unter: https://www.mpfs.de/fileadmin/files/Studien/JIM/2018/Studie/JIM2018_Gesamt.pdf) eröffnen neue Lernwege in- und außerhalb des Unterrichts. Es geht bei ihrer Nutzung für den Unterricht nicht darum, einfach nur analoge Arbeitsweisen zu digitalisieren, z. B. indem man Arbeitsblätter als digitales Dokument zur Bearbeitung zur Verfügung stellt, sondern darum, das ganze Potenzial digitaler Medien zu nutzen und unter den Möglichkeiten der Digitalität die Lernkultur weiterzuentwickeln.

Damit die Weiterentwicklung der Lernkultur effektiv gestaltet wird, muss die Lehrperson den Einsatz digitaler Medien im eigenen Unterricht reflektieren. Dabei kann das SAMR-Modell von Ruben Puentedura hilfreich sein (Wilke 2016, online unter: http://homepages.uni-paderborn.de/wilke/blog/2016/01/06/SAMR-Puentedura-deutsch/). Es kann als Analysemodell dienen, um zu evaluieren, in welchem Maße zur Konzeption eines Lernangebots die digitalen Möglichkeiten genutzt werden. Dafür differenziert das Modell bei der Nutzung digitaler Medien zwischen verschiedenen Stufen:

↑ Redefinition
Modification
Augmentation
Substitution

Die Stufen reichen von einer Digitalisierung analoger Unterrichtsmaterialien bis zur Neugestaltung von Lehr-Lern-Prozessen, die ohne digitale Medien nicht möglich wäre. Die Integration digitaler Medien lässt sich wie folgt stufen:

- Substitution (unterste Stufe): reiner Ersatz analoger Aktivitäten und Arbeitsmittel (z. B. indem ein Text in elektronischer Form zur Verfügung gestellt wird),
- Augmentation: Erweiterung durch Integration digitaler Möglichkeiten in Aktivitäten und analogen Arbeitsmitteln (z. B. durch die Verwendung interaktiver Karten),
- Modification: Veränderung von Lernsettings aufgrund digitaler Möglichkeiten (z. B. indem Schüler*innen Erklärvideos erstellen),
- Substitution (höchste Stufe): Neubelegung durch Konzeption von Lernsettings, die es ohne digitale Möglichkeiten nicht geben würde (z. B. indem Schüler*innen Virtual-Reality-Touren erstellen).

Das Modell ist nicht als Wertung zu verstehen. Es kann im Unterricht durchaus sinnvoll sein, aus organisatorischen, zeit- und/oder kostenökonomischen Gründen eine Arbeitsvorlage digital statt analog zur Verfügung zu stellen oder aus motivatorischen Gründen eine kurze Lernerfolgskontrolle digital in spielerischer Form durchzuführen. Man sollte jedoch darauf achten, nicht auf der jeweiligen Stufe stehen zu bleiben, sondern alle Stufen und damit alle digitalen Möglichkeiten auszunutzen und situationsadäquat sich für die ein oder andere Nutzungsweise zu entscheiden, um Lernprozesse sinnvoll zu unterstützen.

1.2 Didaktisches Potenzial

Digitale Medien sollten nicht um ihrer selbst willen eingesetzt werden, d. h. sie sollten im Unterricht nicht verwendet werden, damit man als Lehrperson auch einmal mit digitalen Medien gearbeitet hat. Und nur, weil Schüler*innen privat gerne Smartphones nutzen, heißt es nicht, dass dies automatisch zum Lernen motiviert, oder der Unterricht besser wird, wenn ihre Nutzung in diesem zugelassen wird. Werden nur analoge Verfahren digitalisiert, wird schnell Langeweile aufkommen und die Schüler*innen werden eigeninitiativ fachfremd das Potenzial der mobilen Geräte erkunden. Um Lernprozesse durch die Nutzung digitaler Medien sinnvoll zu fördern, ist es wichtig, didaktische Konzepte zu entwickeln. Aufgrund des unbegrenzten Zugriffs auf Informationen, der Medienkonvergenz von Text/Bild/Ton und des Angebots an interaktiven sowie kollaborativ nutzbaren Anwendungen eignen sich digitale Geräte z. B. zur Förderung von individualisiertem, kollaborativem oder kooperativem, inklusivem, gamebasiertem bzw. gamifiziertem sowie immersivem Lernen.

2. Individualisiertes/Personalisiertes Lernen

2.1 Didaktische Aspekte

Jede*r ist und lernt anders, und Schule muss Raum lassen, damit jede*r Schüler*in seine*ihre Potenziale entfalten und seine*ihre Persönlichkeit weiterentwickeln kann. Smartphones & Co. ermöglichen z. B. individualisiertes Lernen, da durch die Medienkonvergenz von Text, Bild und/oder Ton Informationen selbstständig recherchiert und individuell aufbereitet werden können. Die Lernenden sind durch die Möglichkeit des Zugriffs auf das Internet autonom in der Recherche. Dabei kann der Eingangskanal frei gewählt werden, also ob man Informationen in Text-, Audio- oder Videoformat bzw. Mischformen erhalten möchte. Auch Hilfen, z. B. Übersetzungsdienste, Dienste für barrierefreies Arbeiten (s. Kap. 4), Apps wie Wörterbücher, Formelsammlungen, das Periodensystem oder Karten, oder digitale Versionen von Texten, beispielsweise der Bibel oder des Grundgesetzes, können zur selbstständigen Themenerarbeitung genutzt werden. Bei der Aufbereitung der Informationen für sich selbst oder andere kann außerdem individuell entschieden werden, wie die Inhalte in Text-, Bild- und/oder Tonform aufbereitet und ggf. weitergegeben werden. Darüber hinaus lassen sich interaktive Aktivitäten nutzen, die automatisch die Ergebnisse auswerten, sodass eine Selbstevaluation möglich ist.

Alle diese Möglichkeiten übertragen den Schüler*innen die Verantwortung für die Gestaltung ihrer Lernprozesse. Dadurch können die Schüler*innen ein Bewusstsein über ihre eigenen Lernprozesse entwickeln. Gleichzeitig wird ihre Lernerautonomie gefördert, die Voraussetzung für lebenslanges Lernen ist.

Grad der Individualisierung

Individualisierung kann in unterschiedlichem Grad erfolgen, so kann der Grad der Individualisierung von Wahlfreiheit in allen Bereichen bis zur Freiheit in Teilbereichen je nach Lerngruppe und Thema variiert werden. Dabei kann eine freie Wahl in Bezug auf Inhalte, Medien (Geräte, Anwendungen), Sozialformen, Arbeitsformen, Schwierigkeitsgrad und/oder Bearbeitungszeit gelassen werden.

Bei offenem, schülerzentriertem Vorgehen wird der gesamte Erarbeitungs- und Anwendungsprozess individualisiert. Dabei wählen die Schüler*innen selbst zu einem Thema die Aspekte, die sie interessieren und die sie daher selbstständig erarbeiten möchten. Sie recherchieren und entscheiden selbst, ob die Informationsaufnahme digital über Text-, Bild- oder Tondokumente bzw. Mischformen erfolgt. Ebenfalls frei gewählt wird, ob Informationen in Text-, Bild- und/oder Tonform aufbereitet und weitergegeben werden. Bei der Themenerarbeitung entscheiden die Schüler*innen, ob sie alleine, mit einem*r Lernpartner*in oder in einer Gruppe arbeiten wollen. Auch für das Zeitmanagement sind sie in einem gewissen Rahmen selbst verantwortlich.

Es ist allerdings auch möglich, nur bestimmte Bereiche zu individualisieren. So kann z. B. vorgegeben werden, dass gemeinsam in einem Wiki gearbeitet wird. Inhalte, Arbeitsform und Sozialform können aber individuell gewählt werden. Oder man gibt Aspekte vor, die thematisiert werden müssen. Aus der Auswahl kann jede*r seine*ihre Präferenz wählen. Individuell gestaltbar bleiben Informationsrecherche, Darstellungs- und Sozialform.

Lernprozesse können auch individuell z. B. über digitale Lerntheken (s. Kap. 2.2) oder Wochenplanarbeit (s. Kap. 2.5) gestaltet werden. Es muss situationsspezifisch geprüft werden, welche Vorgehensweise und welcher damit verbundene Individualisierungsgrad sinnvoll ist.

Informationsrecherche

Die Schüler*innen können individuell entscheiden, ob sie die Informationen in einem Text-, Bild- und/oder Audioformat aufnehmen möchten. Je nach präferiertem Eingangskanal zur Informationsaufnahme und je nach Lerngruppe können die Schüler*innen unterschiedliche Suchmaschinen oder Portale verwenden. Für die Recherche können bei mobilen Geräten auch Apps genutzt werden wie:

- E-Books (Sachbücher, Reiseführer, literarische Texte etc.)
- Formelsammlungen
- Karten
- Mediatheken
- Wetter
- Wörterbücher
- Zeitungen und Zeitschriften

Um die digitalen Möglichkeiten effektiv zu nutzen, wird die Kompetenz der Internetrecherche benötigt. Entsprechende Kompetenzen sollten im Unterricht angebahnt und vertieft werden. Die Wahl einer geeigneten Suchmaschine oder Plattform trägt zum schnellen Auffinden und Filtern von Informationen bei. Für die Suche nach Websites gibt es z. B. spezielle Suchmaschinen für Kinder oder für Jugendliche. Es kann auch eine Suchmaschine genutzt werden, die nur Ergebnisse im Bildungsbereich anzeigt. Sucht man Videos oder Audiodateien, kann man entsprechende Plattformen bzw. Portale nutzen.

Des Weiteren müssen die Schüler*innen die Funktionen von Suchmaschinen oder Portalen kennen. Wichtig bei der Benutzung ist es z. B., zielführende Suchwörter zu finden. Findet man nicht direkt die gewünschten Ergebnisse, sollten die Suchwörter geändert werden. Es gibt zudem Funktionen bei Suchmaschinen, wie man die Suche einschränken kann. Diese sind z. B. das Ausschließen von bestimmten Suchbegriffen, die Suche nach einer bestimmten Kombination von Wörtern oder die Suche nach Themen nur in einer bestimmten Top-Level-Domain.

QR 1:
Informationen für eine effektive
Internetrecherche mit einer Vorlage
für die Schüler*innen

Informationsverarbeitung

Informationen digital zu verarbeiten, stellt viele Vorteile dar, um eigene Lernprozesse individuell effektiv zu gestalten. Die Schüler*innen können Informationsquellen abspeichern, bearbeiten oder Notizen dazu erstellen. Gefundene und abgespeicherte Dokumente können bearbeitet werden, indem man z. B. Elemente markiert, annotiert, irrelevante Informationen löscht oder Elemente umstrukturiert. Notizen können über Tastatur eingegeben, handschriftlich digital angefertig oder über Spracheingabe festgehalten werden. Sie können schnell überarbeitet werden, ohne dass die Übersicht und Leserlichkeit darunter leiden. Die gespeicherten Informationen stehen z. B. bei Nutzung einer Cloudlösung jederzeit und an jedem Ort zur Verfügung und können entsprechend jederzeit und auf jedem verbundenen Gerät aufgerufen und bearbeitet werden. Die Archivierung von Informationen in digitaler Form bietet viele Möglichkeiten. Es können z. B. Webinhalte, Screenshots oder geladene Dateien abgespeichert werden. Dokumente können zusammengeführt werden, um eine schnellere und bessere Übersicht über die gewünschten Informationen zu erhalten. Wie man die Informationen schnell auffindbar archiviert, ist ebenfalls individuell gestaltbar. Man kann Informationen über ein Ordnersystem abspeichern oder die Dokumente zur schnellen Auffindbarkeit mit Tags versehen. Darüber hinaus erlauben viele Speicherlösungen das Durchsuchen der Dokumente nach Stichworten. Man kann anderen den Zugriff auf die Dokumente erlauben, sodass auch gemeinsam an der Verarbeitung von Informationen gearbeitet werden kann. Work Chats, die in vielen Anwendungen integriert sind, ermöglichen den Austausch mit Lernpartner*innen über den Arbeitsprozess. Durch digitale Arbeitsweisen werden die Verarbeitungsmöglichkeiten flexibler und einfacher kollaborativ nutzbar. Der Zugriff auf Informationen wird ubiquitär. Die Informationsverarbeitung bleibt auch nach mehrmaliger Be- oder Überarbeitung übersichtlich und gut leserlich.

Informationsaufbereitung

Informationen können die Schüler*innen für sich selbst oder zum Teilen mit anderen digital aufbereiten. Digital können Dokumente direkt mit Lernpartner*innen oder über soziale Netzwerke über die Lerngruppe hinaus geteilt werden. Je nachdem, welche Darstellungsform bevorzugt wird, können Schüler*innen die Informationen aufbereiten in Text-, Bild- und/oder Tonform. Die Lehrperson kann Formate zur Auswahl stellen, die bereits im Unterricht erprobt wurden. Die Lehrperson kann aber auch Anwendungen kurz vorstellen und wählen lassen, in welcher Form man die Informationen darstellen möchte. Darüber hinaus kann den Schüler*innen die Möglichkeit gelassen werden, von ihnen bevorzugte Apps zur Informationsverarbeitung zu wählen. In der Regel beherrschen Schüler*innen sehr schnell durch selbstständiges Erproben die technische Handhabung der Anwendungen. Wie man formatadäquat Inhalte aufbereitet bzw. wie man prüft, welches Format für welche Struktur der Informationen geeignet ist, erfordert schon eher eine Betreuung.

Selbstständiges Arbeiten ist möglich, indem die Lehrperson den Schüler*innen Informationen in Form von Infoblättern und/oder Checklisten zur Verfügung stellt (s. QR Code® zum Cheatsheet, Kap. 2.2). Die Lehrperson wägt lerngruppen- bzw. situationsspezifisch ab, wie viele Vorgaben sie den Schüler*innen bei der individuellen Informationsaufbereitung macht. Lässt die Lehrperson den Schüler*innen freie Wahl, in welcher Form sie Lerninhalte aufbereiten und mit anderen teilen, sollten vorab Charakteristika der Formate besprochen werden, damit die Schüler*innen eine für ihre Darstellungsziele geeignete Form finden.

Text	Bild	Ton	Mischformen
Blog	Fotodokumentation	Hörspiel	Augmented-Reality-Ausstellung
E-Book	Poster	Podcast	Bilder/Videos unter Verwendung von Masken- oder Filterapps
Textdokument	Virtuelle Welt		Comic, Fotostory, Graphic Novel
Wiki			Film (Erklär-, Lernvideo, Erzählfilm, Stop-Motion etc.)
			Folienpräsentation
			Infografik
			Plakat
			Sketchnotes
			Sprechende Bilder

Tab. 1: Übersicht über die Informationsaufbereitungsformate

Text

In Textform können Inhalte jeder Art bzw. jeder Struktur gebracht werden. Die Aufbereitung von Informationen in Textform erfordert von den Schüler*innen, dass die Inhalte auf wesentliche Aspekte reduziert und in eigene Worte gefasst werden, was ihren Verstehensprozess intensiviert.

Wählt der*die Schüler*in eine informative Aufbereitung in einem *Textdokument*, wird es eher um eine sachliche Darstellung der Inhalte gehen. Die wesentlichen Informationen zu einem Thema werden zusammengefasst und in Form eines informativen Textes als Übersicht über die wichtigsten Aspekte aufbereitet.

Wird als Textdokument das Format eines *E-Books* von den Schüler*innen gewählt, werden die Informationen von ihnen in Buchform aufbereitet und sind damit in einer buchtypischen, strukturierten Form mit Inhaltsverzeichnis und Unterteilung in Kapiteln angeordnet. Als Schreibstil bietet sich der des Sach- bzw. Fachbuchs an. Die Wissensvermittlung unter Verwendung einer adäquaten Fachsprache steht im Vordergrund. Ein E-Book ermöglicht das Hinzufügen multimedialer und interaktiver Elemente wie Videos oder interaktive Übungen. Folgende Schritte sind hilfreich für die Informationsaufbereitung in Form eines E-Books:

1. Festlegen eines Kommunikationsziels
2. Auswahl relevanter Aspekte
3. Erstellen einer Gliederung
4. Aufbereitung der Informationen in Bezug auf Zielgruppen- bzw. eigenen Informationsbedürfnissen
5. Formulieren eines aussagekräftigen Titels, der die Aufmerksamkeit erhöht und andere zum Lesen motiviert oder einem selbst als Erinnerungshilfe dient

Posts in einem *Blog* sind eher in Form eines persönlichen Berichts oder Kommentars zu einem Thema geschrieben. Zu der reinen Sachinformation kommt demnach eine persönliche Analyse bzw. Stellungnahme hinzu. Die Darstellung kann auch in einem Perspektivenwechsel erfolgen, indem das Thema aus einer fiktiven Sichtweise betrachtet wird (s. Kap. 3.32). Ein Blogpost besteht aus einem kurzen, das Interesse weckenden Titel und einem Hauptteil, der in Absätze gegliedert sein kann. Je nach Textlänge kann an den Anfang ein Teaser gestellt werden, der in der Vorschau angezeigt wird und Neugier aufbauen soll.

Bei einem *Wiki* werden die Informationen eher in enzyklopädischer Form aufbereitet (s. Kap. 3.31). Es ist darauf zu achten, dass die Informationen allgemein verständlich und von einem neutralen Standpunkt aus präsentiert werden. Eventuell ist eine Einleitung mit Begriffs- oder Konzeptdefinitionen hilfreich. In der Einleitung kann auch ein kurzer Überblick über das Thema gegeben werden. Der Hauptteil sollte in Abschnitte gegliedert und jeweils mit aussagekräftigen Zwischenüberschriften versehen werden. Dies dient als Orientierungshilfe und erleichtert die Lesbarkeit. Zur Veröffentlichung kann ein öffentliches oder ein selbst eingerichtetes Wiki genutzt werden.

Bild

Die Vermittlung von Lerninhalten durch Bilder kann zu höherer Anschaulichkeit beitragen. In Bildform bzw. bildähnlicher Form dargestellt werden können z. B. Sachinhalte, Begriffe, Situationen, Beziehungen oder Entwicklungen. Die Inhalte müssen zur Visualisierung auf wesentliche Aspekte reduziert und bildlich veranschaulicht werden, was eine tiefgehende Auseinandersetzung der Schüler*innen mit den Informationen voraussetzt. Realisierbar ist dies z. B. durch ein Modellieren mit Spielfiguren von Problemsituationen, Beziehungsgeflechten oder Prozessen. Digitale Möglichkeiten erlauben darüber hinaus, Fotos zu nutzen, die bearbeitet oder mit eigenen Zeichnungen kombiniert werden können. Für eigene Zeichnungen stehen bei Verwendung entsprechender Zeichenprogramme bzw. mobiler Apps Hilfswerkzeuge zur Verfügung.

Genutzt werden können auch Zeichenprogramme, die durch künstliche Intelligenz die eigene Skizze in die gewünschte Form umwandeln. Es ist auch möglich, bildliche Darstellungen in 3D zu erstellen. Verwendet werden können z. B.:

- 3D-Plattformen zum Erstellen virtueller Welten
- Bildbearbeitungsprogramme
- Collage-Apps
- Design-Tools
- Filterapps
- Präsentationsanwendungen
- Zeichenprogramme/-apps

Möchten Schüler*innen Abläufe oder Prozesse visualisieren, bietet sich eine *Fotodokumentation*, also die sequenzielle Anordnung von Bildabfolgen, an, da eine Serie von Fotos die Entwicklungen visualisieren kann.

Sachverhalte und Beziehungen lassen sich z. B. in Form eines *Posters* visualisieren. Hier können die Schüler*innen ein Foto wählen, das die Information darstellt. Es können auch Fotos zu einer Collage zusammengeführt werden, um mehrere Facetten des Themas zu visualisieren. Das Poster kann ebenso eigene Zeichnung enthalten. Es bestehen viele Gestaltungsmöglichkeiten zur Visualisierung der Informationen.

Eine Situation oder Charakteristika einer Person, eines Ortes oder eines Objekts können in einer *Virtuellen Welt* dargestellt werden (s. Kap. 3.25). Es gibt Programme, die durch die Wahl einzelner Elemente wie Bausteine oder Objekte ermöglichen, Formen und Welten aufzubauen. Manche Anwendungen erlauben auch das Animieren von Objekten, sodass z. B. Simulationen von Ereignissen und Phänomenen dargestellt werden können. Stellen die Schüler*innen die Inhalte in einer virtuellen Welt dar, kann das Ergebnis z. B. in Form von Screenshots oder Screencasts mit anderen geteilt werden. Teilweise ist auch eine Weitergabe durch Link zu dem Arbeitsergebnis möglich.

Ton

Bei der Darstellung von Lerninhalten in einem Audiodokument kann zwischen sachlichem Stil und kreativer Gestaltung, z. B. in Form eines Podcasts (sachlich) oder Hörspiels (kreativ), gewählt werden. Es eigenen sich Inhalte, die entsprechend zu einer kritischen oder kreativen Auseinandersetzung mit dem Thema anregen (s. Kap. 3.5).

Bei einem *Podcast* handelt es sich um eine Audiodatei, in der es in Bezug auf die inhaltliche Form oft um Stellungnahmen oder Themenbehandlungen geht. Dies kann z. B. in Form eines Berichts, einer persönlichen Stellungnahme, einer Diskussion, eines Interviews oder eines Audio-Features erfolgen.

Beim Erstellen sollte von den Schüler*innen darauf geachtet werden, dass die Beiträge nicht abgelesen, sondern frei formuliert werden. Eine Strukturierung mit Schlüsselbegriffen ist als Organisationshilfe und Gedächtnisstütze dennoch sinnvoll. Die Berücksichtigung folgender Schritte kann den Schüler*innen beim Erstellen eines Podcasts helfen:

- Auswahl relevanter Aspekte
- Festlegung des Aufbaus des Podcasts
- Konzeption der Vorgehensweise
- Erstellen eines Plans

Bei einem *Hörspiel* werden die Lerninhalte kreativ aufbereitet und in Form einer Geschichte erzählt (s. Kap. 3.5). Neben dem Einsatz der Stimme für die Erzählspur können Geräusche und/oder Musik hinzugefügt werden. Folgende Schritte können beim Erstellen als Orientierungshilfe dienen:

- Auswahl relevanter Aspekte
- Erstellen eines Konzepts
- Erstellen eines Skripts
- Rollenverteilung
- Inszenierung
- Aufnahme und ggf. Überarbeitung

Bei Tonaufnahmen reicht in der Regel das eingebaute Mikrofon in Smartphones oder Tablets aus. Man sollte für die Aufnahme einen schallreflexionsarmen Raum wählen. Audioeditoren ermöglichen die Bearbeitung der Audiodatei wie das Entfernen von Passagen, das Zerlegen eines Tondokuments in Tracks, das Einfügen von Pausen/ Jingles, das Hinzufügen von Klangeffekten sowie das Hinzufügen bzw. Bearbeiten von Tonspuren. Darüber hinaus können störende Elemente herausgefiltert werden und es kann insgesamt die Tonqualität verbessert werden.

Mischformen

Durch die Konvergenz von Text-, Bild- und Tonelementen, die vor allem mit mobilen Endgeräten schnell und einfach kombiniert werden können, entstehen vielfältige Mischformen:

- *Augmented-Reality-Ausstellung*: Bei Augmented Reality wird die reale Welt durch virtuelle Elemente erweitert. Es gibt Anwendungen, bei denen man ein Bild festlegen kann, das beim Einscannen das Erscheinen von virtuellen Elementen auslöst. Dieses Bild, das den Augmented-Reality-Effekt auslöst, nennt man Triggerbild. Diese Darstellungsform ist z. B. geeignet, wenn man die Aufmerksamkeit auf Inhalte durch visuelle Darstellung lenken möchte. Zusatzinformationen in Text-, Bild- und/ oder Tonform können durch Scannen des Bildes abgerufen werden. Auf diese Weise können die Schüler*innen einen Galeriegang zu einem Thema erstellen. Dabei können die Aspekte eines Themas jeweils in einem Triggerbild visualisiert werden, zu dem bei Abscannen Informationen in virtueller Form erscheinen (s. Kap. 6.2).
- *Bilder/Videos unter Verwendung von Masken- oder Filterapps*: Es gibt mobile Apps, mit denen man sich selbst aufnehmen und verändern kann. Je nachdem ob Foto

oder Video können das Gesicht sowie die Stimme verändert werden. Bei der Gesichtsveränderung kann z. B. das eigene Gesicht durch ein anderes ersetzt oder durch Wahl eines Filters stark verändert bzw. unkenntlich gemacht werden. Es kann auch ein Emoji über das Gesicht gelegt werden. Die Nutzung eignet sich, um Informationen aus einer bestimmten Perspektive darzustellen. Durch Face-Swap können die Schüler*innen z. B. Politiker*innen, historische oder biblische Personen, literarische Figuren, Musiker*innen, Komponist*innen oder Wissenschaftler*innen sprechen lassen. Dies kann z. B. in Form von fiktiven Reden, fiktiven Erzählungen aus dem Leben der entsprechenden Person oder fiktiven Berichten zu Sachverhalten aus der Perspektive der entsprechenden Person gestaltet werden. Gewählt wird in diesem Fall die Ich-Perspektive.

- *Comic, Fotostory, Graphic Novel:* Es gibt Anwendungen mit Vorlagen, um Comics, Fotostories oder Graphic Novels zu erstellen. Diese Formate bieten sich z. B. an zur Darstellung von Prozessen bzw. Handlungsabläufen in Bildfolgen. Relevante Aspekte werden visualisiert. Die Bilder können mit Kurztexten bzw. Sprech- oder Denkblasen kombiniert werden. Texte können einen begleitenden oder ergänzenden Bezug zum Bild haben. Je nach Präferenz wählen die Schüler*innen die entsprechende Gestaltungsform.

  Für *Comics* gibt es Apps, die aus Fotos Cartoonbilder machen. So können eigene Bilder verwendet werden. Viele Anwendungen bieten jedoch auch Elemente, die verwendet werden dürfen.

  Bei *Fotostories* können ebenfalls eigene Bilder verwendet werden. Um das Erscheinen von Personen zu vermeiden, können die Schüler*innen Spielfiguren verwenden. Sie können jedoch auch durch Fotobearbeitung die Personen unkenntlich machen.

  Für *Graphic Novels* können eigene Zeichnungen angefertigt werden. Die Schüler*innen können auch ähnlich wie bei den Comics Apps nutzen, wenn sie eigene Fotos verwenden möchte. Für diesen Fall wandelt die App die Fotos in eine Zeichnung bzw. Bleistiftskizze um.

- *Film:* Um Lerninhalte darzustellen, können die Schüler*innen ein Filmformat wählen. Je nach Intention entscheiden sich die Schüler*innen zwischen unterschiedlichen Gestaltungsformen.

  Möchten sie die Lerninhalte sachlich darstellen und erläutern, wählen sie die Form des *Erklärvideos.* Zum Erstellen eines Erklärvideos können spezielle mobile Apps oder Webanwendungen genutzt werden. Die Schüler*innen können jedoch auch Präsentationssoftware nutzen und die Präsentation als Film abspeichern bzw. exportieren. In allen Fällen sind eine Vertonung oder ein Hinzufügen von offen lizenzierter Hintergrundmusik möglich. Zur Visualisierung der Lerninhalte können digitale Animationen verwendet werden. Die Schüler*innen können sich selbst vor der Kamera zeigen, den eigenen Auftritt mit Präsentationen mischen oder nur die Lerninhalte auf den Folien präsentieren. Erscheinen die Schüler*innen selbst in dem Video, muss eine Einverständniserklärung abgegeben werden. Im Fall der Minderjährigkeit muss diese von Erziehungsberechtigten unterzeichnet sein.

Ebenfalls in sachlichem Stil werden Lerninhalte in *Lernvideos* aufbereitet. Hier wird jedoch nicht nur ein Sachverhalt erklärt, sondern es werden auch Lernangebote hinzugefügt. Dafür werden die Videos interaktiv gestaltet. Es gibt Plattformen, die ein Hochladen der Videos ermöglichen, um dann interaktive Elemente hinzuzufügen. Dies können im Fall des Lernvideos Aktivitäten sein, um den bisherigen Lernerfolg selbst zu kontrollieren. Bei den Aktivitäten können die Schüler*innen unterschiedliche Formate wählen. Möglich sind z. B. Multiple Choice, Lückentexte, Zuordnungs- oder Richtig/Falsch-Aufgaben. Es erfolgt direkt eine Auswertung der Eingaben. Die Schüler*innen können auch Anmerkungen oder Links zu weiterführenden Informationen hinzufügen.

Möchten die Schüler*innen die Lerninhalte kreativ aufbereiten und in eine Spielhandlung einbetten, wählen sie die Form des *Erzählfilms*. Hier kann die native Kamera-App eines mobilen Endgerätes genutzt werden. Die Verwendung eines Stativs oder von Gegenständen, die als Stativ dienen können, ist für die Qualität des Films nützlich. Es können Spielfiguren eingesetzt werden, wenn die Schüler*innen aufgrund ihrer Rechte am eigenen Bild nicht selbst in Erscheinung treten wollen. Die Figuren können mithilfe von Holzstäben oder Fäden bewegt werden.

Für eine kreative Umsetzung für alle Filmformen können die Schüler*innen auch die *Stop-Motion-Technik* wählen. Hierbei wird nicht durchgängig eine Szene gefilmt, sondern es werden einzelne Aufnahmen gemacht, die dann zu einem Film zusammengesetzt werden. Dafür können die Schüler*innen spezielle Apps verwenden, die automatisch aus den einzelnen Fotos einen Film erstellen. Auch hier empfiehlt sich die Verwendung eines Stativs bzw. von Gegenständen, mit denen man das mobile Endgerät fixieren kann. Zur Darstellung der Lerninhalte können Zeichnungen erstellt werden, die mithilfe einer Legetechnik bewegt werden. Die Schüler*innen können auch Knetfiguren anfertigen, die von Aufnahme zu Aufnahme entsprechend verändert werden. Eine weitere Möglichkeit ist die Verwendung von Spielfiguren, die bewegt werden. Es können auch Apps zum Einsatz kommen, die Zeichnungen animieren. In der App fertigen die Schüler*innen die Zeichnungen digital an. Bei der Abfolge von Zeichnungen wird immer die vorherige Zeichnung im Hintergrund angezeigt, sodass man die passende Position für die nächste Zeichnung erkennt. Haben die Schüler*innen die Bilderserie gezeichnet, erstellt die App daraus automatisch einen Film. Eine nachträgliche Vertonung ist in allen Fällen möglich.

QR 2:
Beispiel eines durch Zeichnungen (Tafel und Kreide) erstellten Stop-Motion-Videos zum Thema Demokratie und Freiheit

- *Folienpräsentation:* Eine Folienpräsentation ist dann geeignet, wenn die Lerninhalte in direktem Kontakt zu den anderen Mitgliedern der Lerngruppe präsentiert werden sollen und die Schüler*innen zu ihren Erläuterungen eine visuelle Unterstützung geben wollen. Dazu kann die gängige betriebssystemabhängige Präsentationssoftware genutzt werden. Alternativ dazu gibt es Webanwendungen, die andere Präsentationslayouts und -effekte bieten. Es können Anwendungen genutzt werden, die betriebssystemunabhängig eine Zusammenarbeit an einer Präsentation ermöglichen, was vor allem dann sinnvoll ist, wenn die Schüler*innen in Partner*innenarbeit oder in einer kleinen Gruppe die Präsentation erstellen. Damit die Folienpräsentation eine Merkhilfe darstellen kann, ist wichtig, dass die Folien so gestaltet sind, dass sie Memorierungsprozesse unterstützen. Zu beachten ist u. a.
  - eine angemessene Folienanzahl,
  - eine angemessene Einblendzeit,
  - eine angemessene Schriftgröße,
  - leserfreundliche Farben und Farbkontraste,
  - die Verwendung nur weniger Stichwörter als Orientierungshilfe,
  - ein sparsamer und sinnvoller Umgang mit Effekten,
  - ein freier Blick aller auf die Präsentationsfläche.
- *Infografik:* Eine Infografik kann von den Schüler*innen gewählt werden, wenn Gesamtzusammenhänge visuell aufbereitet werden sollen, indem man Text-, Zahlen- und Symbolelemente kombiniert. Es geht dabei um eine Darstellung von Fakten, eine starke Reduktion der Inhalte auf wesentliche Elemente, eine klare Strukturierung sowie eine anschauliche Darstellung der Informationen. Infografiken ermöglichen dadurch einen schnellen Überblick über die Informationen. Es gibt Anwendungen, die Strukturvorlagen sowie Elemente zur Visualisierung von Informationen zum Erstellen von Infografiken anbieten.
- *Plakat:* Die Schüler*innen können die Plakatform wählen, wenn sie eine anschauliche Übersicht über die Lerninhalte geben wollen. Das Plakat kann selbsterklärend sein und eigenständig von der Lerngruppe betrachtet werden oder als Merkhilfe zu einem Vortrag eingesetzt werden. Zum Erstellen von digitalen Plakaten gibt es Anwendungen mit editierbaren Designvorlagen. Die digitale Version bietet einige Vorteile:
  - schnelle Überarbeitsmöglichkeit z. B. in Bezug auf Struktur bzw. Anordnung der Elemente
  - einheitliches Layout und einheitliche Gestaltungsfläche, keine Layoutbrüche durch Klebestellen und sich ablösende Elemente wie bei einem Papierplakat
  - leichte Archivierbarkeit und ubiquitärer Zugriff
  - keine Beschädigungsgefahr durch ständigen Transport oder Aushang im Klassenraum

Damit das Plakat eine hilfreiche Merkhilfe darstellt, sollten die Schüler*innen bei der Gestaltung u. a. folgende Aspekte berücksichtigen:
- aussagekräftige, kurze Überschrift
- angemessene Schriftgröße

- zum Thema passendes Layout
- übersichtliche Anordnung der Elemente
- Verwendung von Stichpunkten/Stichwörtern
- angemessene Anzahl von Bildelementen, Tabellen etc.

- *Sketchnotes:* Sketchnotes sind Notizen aus einer Mischung von Text, Bild und Strukturelementen. Dabei geht es darum, Lerninhalte zu visualisieren, Inhalte auf wesentliche Aspekte zu reduzieren, Ideen zu strukturieren und Aspekte zu abstrahieren. Sketchnotes helfen dadurch, sich Inhalte zu erschließen und nachhaltig abzuspeichern. Es gibt Zeichenprogramme, die Werkzeuge wie Formen anbieten, die das Erstellen von Sketchnotes erleichtern. In Form von Sketchnotes lassen sich Prozesse, Beziehungen oder Sachverhalte visualisieren. Sketchnotes können eine strukturierte Lernhilfe sein oder auch als Begleitung zu einem Referat als Orientierungshilfe von den Schüler*innen eingesetzt werden.
- *Sprechende Bilder:* Unter sprechenden Bildern versteht man die Verwendung eines Fotos bzw. Bildes, bei dem an einer bestimmten Stelle eine Linie gezogen wird, die sich bei Einsprechen eines Textes in Mundbewegungen verwandelt. Dadurch können Schüler*innen z. B. bekannte Persönlichkeiten, Tiere und Gegenstände zum Sprechen bringen. Erzählt wird aus der Perspektive des gewählten Objekts. Geeignet sind sprechende Bilder für eine kreative und eine bestimmte Perspektive einnehmende Darstellung von Inhalten. Zum Erstellen von sprechenden Bildern gibt es mobile Apps sowie Webanwendungen. Mobile Apps sind aufgrund des in das mobile Endgerät integrierten Mikrofons einfacher in der Bedienung. Auch das Erstellen geht schneller, da kein besonderer Aufbau nötig ist. Zu bedenken ist: Neben dem Recht am eigenen Bild gibt es auch das Recht an der eigenen Stimme. Daher ist bei minderjährigen Schüler*innen eine Einverständniserklärung von Erziehungsberechtigten einzuholen.

Damit Schüler*innen eine Entscheidungshilfe haben, welche Darstellungsform für ihre Inhalte und Informationsschwerpunkte geeignet ist, sollte ihnen die Lehrperson eine kurze Übersicht zur Verfügung stellen. Dies kann in Form eines Cheatsheets erfolgen. Die folgende Vorlage kann je nach Lerngruppe und technischer Ausstattung zur Verfügung gestellt oder gekürzt, erweitert bzw. verändert werden.

QR 3:
Cheatsheet – Darstellungsformen

2.2 Individualisierung von Lernwegen durch digitale Lerntheken

Lerntheken sind offene Lernangebote, die Aktivitäten bzw. Material zur selbstständigen Auseinandersetzung mit Lerninhalten zur Verfügung stellen. Die Konzeption kann die selbstständige Erarbeitung und/oder Anwendung bzw. Wiederholung von Lerninhalten ermöglichen. Schüler*innen können sich individuell und eigenständig je nach Bedarf bzw. Interessen sowie Lernvoraussetzungen mit Lerninhalten auseinandersetzen. Das Lernangebot kann so offen gestaltet werden, dass es keine Vorgaben gibt, welche oder wie viele Aktivitäten bearbeitet werden müssen. Auch gibt es keine Vorgabe in Bezug auf die Reihenfolge der Bearbeitung. Die Wahl der Sozialform kann man den Lernenden ebenfalls überlassen, also ob Einzel-, Partner*innen- oder Gruppenarbeit bevorzugt wird. Individualisiert wird in Bezug auf Inhalt, Bearbeitungszeit, Medienwahl und Schwierigkeitsgrad. Die Lerntheke ermöglicht zudem Selbstevaluation. Man kann die Aktivitäten so konzipieren, dass die Lehrperson keinen Einblick in die Bearbeitung hat und die Schüler*innen somit ungestört und ungehemmt arbeiten können und nur im Bedarfsfall und auf eigenen Wunsch die Hilfe der Lehrperson in Anspruch nehmen. Individualisierung von Lernprozessen wird auch möglich, indem die Aktivitäten im Schwierigkeitsgrad und im Eingangskanal variiert sind und barrierefrei digital angeboten werden. Darüber hinaus stehen optional Hilfen bei Unsicherheiten zur Verfügung.

Es gibt zahlreiche Vorteile von digitalisierten Lerntheken gegenüber Lerntheken mit Printmaterial. Digitale Lerntheken stehen ubiquitär zur Verfügung. Das Material kann demnach auch außerhalb der Unterrichtszeiten sowie des Unterrichtsraums genutzt werden. Des Weiteren trägt die digitale Form dazu bei, dass Unterrichtszeit effektiv genutzt wird. Es entfällt der Zeitaufwand für die Kopien, der von der Lehrperson sinnvoller für die Unterrichtsplanung genutzt werden kann. Es entfällt der Zeitaufwand für den Auf- und Abbau der Lerntheke. Digital bleiben die Materialien immer geordnet und übersichtlich. Printmaterialien geraten bei ihrer Nutzung – z.B. beim Zurücklegen – durcheinander, sodass während des Unterrichts immer wieder Zeit auf ein erneutes Ordnen verwendet werden muss, was bei der digitalen Version nicht der Fall ist. Des Weiteren entfällt eine lange Einführungsphase. Bei einer Lerntheke mit Printmaterialien müssen die Stationen vorgestellt werden, da vor allem bei größeren Lerngruppen nicht alle direkt einen Einblick in die Lernangebote haben. Bei der digitalen Version können die Materialien direkt von allen zeitgleich eingesehen werden. Zudem läuft die Arbeit ruhiger ab, da sich alle nach ihren Interessen mit Aktivitäten beschäftigen und dies von ihrem Platz aus tun können. Dadurch steht der Lehrperson mehr Zeit für individuelle Beratung im Bedarfsfall zur Verfügung. Ein Lernthekenheft entfällt ebenfalls, da die Aktivitäten interaktiv sind und somit direkt eine Rückmeldung über den Lernerfolg gegeben wird. Des Weiteren ermöglichen interaktive Aktivitäten eine objektive Selbstevaluation. Bei analogen Lerntheken kann die Lehrperson Lösungsblätter zur Verfügung stellen. Hier können die Schüler*innen aber leicht etwas übersehen bzw. übergehen, was bei einem automatisch generierten Feedback nicht passieren kann. Die Rückmeldung kann zudem gamifiziert (s. Kap. 5) werden, was die Motivation steigert. Viele Aktivitäten generieren Badges (s. Kap. 5.12) oder melden den Schüler*innen Bestzeiten oder Highscores zurück. Dies motiviert diese selbst nach erfolgreicher Bearbeitung zu mehrmaligem Wiederholen, da sie die eigenen Ergebnisse verbessern möchten. Ein weiterer Vorteil der digitalen Version liegt in der direkten Veränderbarkeit. Material kann ggf. direkt abgeändert werden, wenn von Schüler*innen ein Verbesserungsvorschlag erfolgt. Es kann auch nachgebessert werden, wenn Unklarheiten bei Aktivitäten auftreten.

Für die Konzeption ergeben sich viele Möglichkeiten. Am Ende einer Unterrichtseinheit kann eine Lerntheke angeboten werden, um die erarbeiteten Lerninhalte selbstständig zu wiederholen und eigenständig den Lernerfolg zu evaluieren. Die Lehrperson kann eine Lerntheke jedoch auch so konzipieren, dass die Lerninhalte eines Themenbereichs von den Schüler*innen selbstständig erarbeitet und angewendet werden können. Eine mögliche Strukturierung könnte folgendermaßen aussehen:

1. *Themenbezogener Titel:* Es empfiehlt sich aus Motivationsgründen, der Lerntheke keine verwaltende Bezeichnung wie die Nummer der Lehrwerklektion zu geben, sondern einen themenbezogenen Titel zu wählen, der bereits in die inhaltlichen Aspekte einführt.

2. *Einführungsbild oder -video:* In Bezug auf die formale Gestaltung kann die Lehrperson mit einem kurzen Überblick über die thematisierten Inhalte, z. B. in Form eines Trailers oder eines Bildes, das den Themenbereich motivierend visualisiert, beginnen. Bei einer Lerntheke zur Wiederholung ruft dies die Inhalte in Erinnerung und gibt einen Überblick, der die Entscheidung der Schüler*innen unterstützt, welche Prioritäten sie bei der Arbeit mit dem Lernangebot setzen möchten. Bei einer Lerntheke zur Themenerarbeitung führt das Bild bzw. das Video in die Thematik ein und es wird bei den Schüler*innen eine Erwartungshaltung aufgebaut, die motivierend wirken kann.

3. *Informationen/Hilfen zu den Lerninhalten:* Es können Informationen/Hilfen zur Verfügung gestellt werden, die je nach Bedarf durch Klicken/Touchen aufgerufen werden. So können sich die Schüler*innen ggf. vor der Bearbeitung der Aktivitäten noch einmal einen Überblick über die Thematik verschaffen oder bei Schwierigkeiten mit den Aktivitäten Hilfen finden. Diese Informationen/Hilfen können z. B. in Form eines Textdokumentes oder eines Erklärfilms der Lerntheke hinzugefügt werden. Auch ein Link zu Fremdmaterialien ist möglich ebenso wie eine eigene Recherche, da bei der Arbeit mit einem digitalen Gerät immer auch der Zugriff auf das Internet und auf Apps möglich ist. Bei der eigenen Recherche können die Schüler*innen wiederum individuell wählen, ob sie Informationen in Text-, Bild- und/oder Tonform aufnehmen möchten.

4. *Interaktive individuelle Aktivitäten:* Danach können Aktivitäten angeboten werden, anhand derer die Lernenden überprüfen können, inwiefern sie Kompetenzen erreicht haben. Die Aktivitäten lassen sich interaktiv gestalten, sodass eine direkte Evaluation und Visualisierung des Lernerfolgs rückgemeldet werden. Die Aktivitä-

ten sollten im Schwierigkeitsgrad gestuft sein, sodass jede*r sein Einstiegslevel selbst bestimmen und ggf. Aktivitäten wiederholen oder überspringen bzw. auch im Anforderungsniveau noch einmal zurückgehen kann. Auch sollte Varianz in der Medienwahl gegeben sein. So können Inhalte z. B. anhand eines interaktiven Lernvideos oder einer textbasierten Zuordnungsübung wiederholt werden. Die Schüler*innen können somit selbst entscheiden, ob sie text-, bild- und/oder tongestützte Aktivitäten bevorzugen.

5. *Kollaborative Aktivitäten:* Es können auch kollaborative Anwendungen genutzt werden, sodass Lerninhalte gemeinsam in der Gruppe wiederholt werden. Zum Beispiel können die Schüler*innen in einem Etherpad Fragen zu einem thematischen Aspekt formulieren und die Mitschüler*innen geben Antwort auf die Fragen. Es können auch gemeinsam Arbeitsprodukte zu Themenbereichen wie eine Erörterung zu pragmatischen oder literarischen Texten verfasst werden. Durch Peer-Correction bzw. Peer-Evaluation können gemeinsam die Beiträge ggf. korrigiert oder ergänzt werden.

Neben der Möglichkeit, dass die Lehrperson das Lernangebot konzipiert bzw. zusammenstellt, besteht die Möglichkeit, Schüler*innen die Lerntheke kooperativ erstellen zu lassen. Die Schüler*innen können festlegen, welche thematischen Aspekte in der Unterrichtseinheit relevant sind bzw. waren. Zu jedem Themenbereich können Expert*innengruppen gebildet werden, die dann den thematischen Aspekt für die Lerngruppe aufbereiten. Dafür kann die Lehrperson bei anmeldepflichtigen Anwendungen einen Klassenaccount anlegen. Gegebenenfalls kann das Passwort nach Beendigung der Arbeit geändert werden, sodass keine Weiterarbeit mehr möglich ist. Nach der Prüfung der Aktivitäten auf fachliche und sprachliche Richtigkeit durch die Lehrperson können die Aktivitäten von allen bearbeitet werden.

Die Lehrperson kann die Aktivitäten für die Lerntheke im eigenen Webspace zusammenstellen. Es ist aber auch möglich, Webspace von Anbietern zu nutzen, kostenlos geht dies z. B. in Blog- oder Wikiform. Da Einbettungen über iFrame datenschutzrechtlich problematisch sind, sollte die Lehrperson einen Screenshot von der Aktivität anfertigen und zu der Aktivität verlinken unter dem Hinweis, dass es sich um einen externen Link handelt. Dies ermöglicht einen Einblick in Art und Inhalt der Übung. Sie kann aber auch eine reine Linkliste anlegen. Dafür gibt die Lehrperson die Themen- bzw. Arbeitsbereiche an und listet dazu die Links zu den möglichen Aktivitäten auf. Diese digitale Linkliste kann man z. B. zur Verfügung stellen über die Nutzung eines Lernmanagementsystems, mithilfe von Cloudlösungen oder über einen Schulserver.

QR 4:
Digitale Lerntheke zur Wiederholung von Lerninhalten einer Unterrichtseinheit

2.3 Individualisierung von Lernprozessen im Online-Lerntagebuch

In einem Lerntagebuch werden individuell Lernprozesse reflektiert, um ein Bewusstsein für das eigene Lernverhalten und die individuell gewählten Lernwege zu erhalten und die Lernprozesse selbst zu steuern bzw. zu gestalten. Darüber hinaus kann anderen ein Einblick in das eigene Lerntagebuch gewährt werden, um Feedback zu den Reflexionen sowie Unterstützung bei aufgetretenen Problemen zu erhalten.

Als Online-Version gibt es kostenlose Angebote, z. B. von Universitäten. Online-Lerntagebücher ermöglichen, die Einträge der anderen Mitglieder einer Lerngruppe orts- und zeitunabhängig einzusehen und zu kommentieren. Neben dem direkten individuellen Feedback an andere können die Überlegungen der anderen auch für die Gestaltung der eigenen Lernprozesse hilfreich sein. Es findet ein größerer Austausch statt, da das Lerntagebuch nicht nur zusammen mit der betreuenden Lehrperson evaluiert wird. Unterschiedliche Perspektiven helfen beim Monitoring, damit die eigenen Lernprozesse sowie die Arbeitsergebnisse optimiert bzw. überarbeitet werden können. Darüber hinaus hilft die Online-Version, Motivation aufrechtzuerhalten, da die Einträge von Lernpartner*innen wertgeschätzt werden und anderen bei der Organisation der eigenen Lernprozesse eine Hilfe sein können. Es können bestimmte Termine vereinbart werden, bis wann ein Tagebucheintrag erfolgt sein soll, und eine bestimmte Anzahl an Kommentaren zu den Einträgen anderer vorgeben werden. Je nachdem wie selbstständig und motiviert eine Lerngruppe arbeitet, kann die Lehrperson auch auf Vorgaben verzichten.

Bei der Gestaltung der Einträge sollten sich die Schüler*innen in einem ersten Schritt Ziele setzen und Strategien zum Erreichen der Ziele entwickeln. In einem weiteren Schritt werden die Lernschritte beschrieben. Danach findet eine Evaluation bzw. Reflexion der Phasen sowie Ergebnisse statt, um ggf. die Strategien zu verändern und evtl. Lernprozesse neu zu steuern. Die Lehrperson kann bestimmte Strukturen oder Leitfragen bzw. Impulse zur Organisation der Einträge und Evaluation vorgeben. Die Lehrperson kann die Gestaltung jedoch auch offenlassen, je nach Alter der Lernenden und Erfahrungen mit Selbstorganisation und -reflexion von Arbeits- bzw. Lernprozessen. Bei den Online-Versionen können Elemente integriert werden, die eine automatische Auswertung der Lernaktivitäten und den Vergleich mit den Aktivitäten anderer Lernender der Gruppe zulassen. Diese Learning-Analytics ermöglichen ein direktes Feedback zur Effektivität der Selbstorganisation und des eigenen Lernverhaltens. Darüber hinaus lassen sich bei einer digitalen Version Erinnerungsfunktionen für ein kontinuierliches Arbeiten im Lerntagebuch aktivieren. Ein Online-Tagebuch bietet somit mehr Möglichkeiten als eine nicht-digitale Version. Die Lehrperson muss jedoch entscheiden bzw. gemeinsam mit den Schüler*innen besprechen, welche Funktionen für die Lerngruppe hilfreich sind. Die gemeinsame Nutzung derselben Anwendung hat den Vorteil, dass der Austausch untereinander gefördert werden kann.

Die Lehrperson kann die Schüler*innen jedoch auch individuelle Wege gehen lassen. Ein Lerntagebuch kann z. B. auch über ein Blog, einen Podcast oder ein Vlog geführt werden. Möchten die Lernenden ihre Gedanken nicht öffentlich teilen, kann bei allen Formaten der Zugriff unter Einstellungen anderen verweigert oder nur für eine bestimmte Gruppe freigegeben werden. Wählt der*die Schüler*in ein *Blog*, wird die Reflexion in einer Textform festgehalten. Über die Kommentarfunktion kann mit den anderen Schüler*innen in einen Austausch über die Gestaltung der Lernprozesse getreten werden. Wird das *Podcast-Format* gewählt, erfolgt die Reflexion in mündlicher Form als Sprachaufzeichnung. Die Podcast-Anwendungen erlauben eine Nachbearbeitung, sodass einzelne Passagen gelöscht oder hinzugefügt werden können. Bei einem *Vlog* wird die Reflexion im Videoformat aufgezeichnet. Auch hier ist durch Nutzung von Videoeditoren eine Nachbearbeitung möglich. Für Podcasts und Vlogs gibt es Portale, die ebenfalls ein Kommentieren ermöglichen.

Ein Lerntagebuch kann allgemein geführt werden zur Reflexion von Lernprozessen. Es kann jedoch auch in bestimmten Lernkontexten eingesetzt werden. Beispiele dafür sind:

- ein Projekttagebuch zur Fixierung von Projektzielen und der Reflexion des Projektablaufs, der Projektentscheidungen sowie des Lernfortschrittes,
- ein interkulturelles Lerntagebuch während eines Schulaustauschs bzw. Auslandsaufenthaltes,
- ein Lesetagebuch im Deutsch- oder Fremdsprachenunterricht,
- ein Reisetagebuch individuellen Forschens in den MINT-Fächern,
- ein Trainingstagebuch im Sportunterricht.

2.4 Darstellung des Lernfortschritts im E-Portfolio

Unter einem E-Portfolio versteht man die Dokumentation und Evaluation des eigenen Lernfortschritts in digitaler Form. Die Lernenden wählen eigene Arbeitsergebnisse aus, die sie in einem digitalen Ordner zusammentragen. Die Arbeitsergebnisse werden so gewählt, dass sie die Entwicklungsschritte deutlich machen. Dies erfordert bereits eine Reflexion des eigenen Lernens. Eine weitere Reflexion findet statt durch die Evaluation der Kompetenzentwicklung auf der Basis der ausgewählten Dokumente. Dabei können Reflexionsbögen verwendet werden. Der eigene Lernfortschritt kann auch in selbst gewählten Strukturen und Formen evaluiert werden. Die Lehrperson kann wie bei dem Lerntagebuch den Lernenden freistellen, ob sie die Selbstreflexion z. B. in Textform, als Sprachnotizen oder in Form eines Vlogs festhalten möchten.

Das Portfolio ist nicht nur eine Hilfe zur Selbstreflexion, sondern kann auch für eine formative Evaluation verwendet werden. Es können zu festgesetzten Zeitpunkten Portfoliogespräche stattfinden. Das E-Portfolio kann über einen längeren Zeitraum hinweg geführt oder auf eine Unterrichtseinheit begrenzt werden. Die digitale Form bietet u. a. folgende Vorteile:

- Aufnahme von digitalen, multimedialen Dokumenten,
- Individualisierung durch die Formatwahl,
- gleichzeitige Einblendung der Struktur des E-Portfolios sowie eines Einzeldokuments zur schnellen Orientierung und Einordnung des Arbeitsschrittes,
- Freigabe für andere verbunden mit orts- und zeitunabhängiger Einsicht,
- Nutzung eines integrierten digitalen Feedbacksystems,
- Möglichkeit eines E-Assessments,
- Integration eines RSS-Feeds, der anderen anzeigt, dass ein neuer Beitrag hinzugefügt wurde,
- Förderung des Erwerbs von Querschnittskompetenzen.

Verwendet werden können Anwendungen, die speziell für das Erstellen von E-Portfolios entwickelt wurden. Es finden sich Anwendungen zur direkten Nutzung sowie Open-Source-Software, die selbst gehostet und nach eigenen Bedürfnissen konfiguriert werden kann (s. QR Code® zu Open-Source-Anwendungen in Kap. 10).

2.5 Wochenplanarbeit

Wochenplanarbeit ist ein kompetenzorientiertes Konzept des Offenen Unterrichts. Neben der Sachkompetenz werden vor allem die Selbst- sowie Sozialkompetenz weiterentwickelt. Die Wochenplanarbeit kann in unterschiedlicher Weise organisiert werden. Eine Möglichkeit besteht darin, einen Pflichtteil und einen Wahlbereich für die Woche zu konzipieren. Die Lehrperson kann jedoch auch Lernangebote machen, unter denen die Schüler*innen frei wählen, ohne dass Vorgaben in Bezug auf die Quantität der bearbeiteten Themen gemacht werden. Eine weitere Möglichkeit besteht darin, dass die Schüler*innen sich selbst Ziele setzen und einen eigenen Wochenplan erstellen. Die Lehrperson kann hier ggf. beratend unterstützen. Sie kann zudem Reflexionsbögen zur Evaluation der Wochenplanarbeit zur Verfügung stellen. Zur Vorgehensweise und Gestaltung können Evaluationsgespräche im Plenum stattfinden. Vor allem in der Grundschule kann der Wochenplan fächervernetzend konzipiert werden. Es sind jedoch auch fachbezogene Wochenpläne möglich. Bei der Wochenplanarbeit entscheiden die Lernenden, in welchem Tempo und in welcher Sozialform sie welche Themen in welcher Reihenfolge bearbeiten. Wenn Hilfe bei der Bearbeitung der Themen benötigt wird, können die Lernenden wählen, ob sie digitale Möglichkeiten nutzen, Mitschüler*innen oder die Lehrperson fragen. Die Lernenden sind selbst verantwortlich für die Gestaltung ihrer Lernprozesse.

  Werden Wochenpläne von der Lehrperson konzipiert, können sie z. B. mithilfe eines E-Books erstellt werden. In dem E-Book kann die Lehrperson eine Übersicht über das Aufgabenangebot geben. Ein E-Book ermöglicht zudem das Integrieren von multimedialen Elementen zur individuellen Erarbeitung von Lerninhalten, zur Veranschaulichung von Inhalten aus dem Lehrwerk oder als Hilfsangebot bei Verständnisprobelemen. Ebenso können interaktive Aktivitäten zum selbstständigen Üben hinzugefügt werden. Darüber hinaus kann ein interaktiver Kompetenzkatalog angehängt werden, in dem die Schüler*innen digital ihren Lernfortschritt evaluieren und dokumentieren. Eine digitale Version bietet u. a. folgende Vorteile:

- Die Lehrperson kann unterschiedliche Zugänge zu Themen und Aktivitäten anbieten. Es können Materialien in Text-, Bild-, Audio- oder Videoformat sowie weiterführende Links integriert werden.
- Die Lehrperson kann interaktive Aktivitäten erstellen, die Selbstevaluation ermöglichen. Als interaktive Aktivitäten eignen sich z. B. Chatbots (s. Kap. 5.3.1), Flashcards, interaktive Videos, Kreuzworträtsel, Lückentexte, Memory®-Spiele, Multiple-Choice-Aufgaben, Puzzle, Quiz, Zeitleisten, Zuordnungsaufgaben, aber auch freie Textantworten. Es gibt Anwendungen, die dafür bereits Vorlagen bieten, die man mit den eigenen Inhalten füllen kann.
- Die Materialien stehen digital jederzeit und an jedem Ort zur Verfügung. Eine Materialschlacht mit Kopien wird vermieden. Ein interaktives Inhaltsverzeichnis erleichtert das schnelle Auffinden der gewünschten Aktivität oder Information.
- Der Wochenplan kann in dem E-Book bzw. in einer App bearbeitet werden. Das E-Book kann ggf. zur gemeinsamen Besprechung mit der Lehrperson geteilt werden. Wird eine Plattform genutzt, kann der Lehrperson Einblick in die Arbeit gewährt werden.

2.6 Design Thinking

Design Thinking ist eine Vorgehensweise, um Lösungen zu einer komplexen Problemstellung zu finden. Wichtig ist, dass Schüler*innen gemeinsam an Lösungsfindungen arbeiten, dass der Prozess strukturiert und offen für individuelle Lösungswege ist und dass kreative Lösungen Raum finden. Auch wenn es bei Design Thinking um Ideenfindung im Team geht, und damit kollaboratives Lernen gefördert wird, geht es gleichzeitig um die Berücksichtigung der Bedürfnisse jeder bzw. jedes Einzelnen und daher auch um ein individualisiertes Lernsetting. Der Arbeitsprozess unterteilt sich in unterschiedliche Phasen. Eine mögliche Vorgehensweise kann folgendermaßen organisiert werden:

- Erfassen der Problemstellung
- Bewusstmachen der eigenen Perspektive und Definition von gemeinsamen Bedürfnissen
- Sammeln von Ideen
- Konkretisierung und Umsetzung der Ideen
- Evaluation der Umsetzung und ggf. Anpassung

Die Offenheit des Prozesses erfordert eine Fehlerkultur, in der Fehler als Teil des Prozesses gesehen werden, der die Entwicklung vorantreiben kann, da dadurch Kreativität freigesetzt wird, um neue Ideen zu finden. Es geht darum, Freude an der Suche nach Lösungen zu entwickeln und Neugier aufzubauen, Umsetzungsmöglichkeiten auszuprobieren und ggf. zu überarbeiten.

Eine digitale Organisation der Visualisierung bzw. Dokumentation des Prozesses bietet viele Vorteile gegenüber einer analogen Organisation. Die Aufzeichnungen am Flipchart werden in der Regel zentral von einer Person übernommen. Nutzt man ein digitales, kollaborativ nutzbares Whiteboard, kann jede*r seine*ihre Ideen direkt notieren und alle können in Echtzeit die Entwicklung von Ideen mitverfolgen. Zudem lassen sich Notizen digital schnell und einfach überarbeiten. Die Aufzeichnungen sind auch für jede*n zu jeder Zeit und an jedem Ort einsehbar. Die Organisation an einer Pinnwand erfordert in Papierform in jeder Stunde Zeit für Auf- und Abbau sowie ständigen Transport der Materialien. Die Ergebnisse lassen sich nicht so einfach archivieren, da in der Regel kein fester Raum zur Verfügung steht. In digitaler Form stehen die Ergebnisse immer zur Verfügung. Zudem können schnell und einfach Änderungen in Bezug auf Hierarchisierung bzw. Klassifizierung der Ideen vorgenommen werden. Arbeitet man an der Konkretisierung der Ideen für die Umsetzung, ermöglichen digitale kollaborative Anwendungen, dass jede*r im Team Schritte dokumentieren und im Work Chat Möglichkeiten diskutieren kann. Auch hier sind Aufzeichnungen schnell und einfach überarbeit- und archivierbar.

Thematisch ist die Methode hilfreich bei der gemeinsamen Bearbeitung von komplexen Fragestellungen oder Herausforderungen. Ideen und Möglichkeiten können z. B. im Fach Sozialkunde zu dem Thema »Politische Teilhabe« entwickelt werden. Das Thema »Gesunde Ernährung im Schulalltag« kann in den Fächern Sport oder Biologie bearbeitet werden. Im Deutsch- und Fremdsprachenunterricht können Fragestellungen, die sich aus literarischen oder pragmatischen Texten ergeben, über Design Thinking erörtert werden. Im Geschichtsunterricht kann z. B. das Thema »Erinnerungskultur« bearbeitet werden. In den Fächern Erdkunde, Religion und Ethik kann über Konsumverhalten aus unterschiedlichen Perspektiven heraus nachgedacht werden. Im Fach Informatik ist Design Thinking geeignet zur Modularisierung und Strukturierung von Problemlösungen.

2.7 SCRUM

Einen hohen Grad an Individualisierung bieten agile Arbeitsweisen. Schüler*innen haben dabei Entscheidungsfreiheiten über die Gestaltung ihrer Lernprozesse.

Eine agile Methode, die für schulisches Lernen, insbesondere für die Projektarbeit, geeignet ist, ist SCRUM. SCRUM ist geeignet, um Schüler*innen selbst bestimmen zu lassen, wie sie sich ein Unterrichtsthema erarbeiten wollen. Jede*r im Team trägt Verantwortung für den gemeinsamen Lernerfolg.

SCRUM vereint eine klare Strukturiertheit mit hoher Flexibilität in der Gestaltung. Bei SCRUM ist wie bei der Methode Design Thinking die Arbeit in Teams wichtig. Aber auch hier geht es gleichzeitig um Selbstorganisation sowie -verantwortung und das Einbringen eigener Ideen und Kompetenzen. Somit wird selbstgesteuertes Lernen mit kollaborativen Arbeitsformen kombiniert. Darüber hinaus wird die Entwicklung eines agilen Mindsets gefördert als Teil der individuellen Persönlichkeitsentwicklung. Alle Lernenden können frei wählen, in welcher Teamzusammensetzung sie zu welchem Themen- bzw. zu welchem Aufgabenbereich arbeiten, sodass auch hier Individualität umsetzbar ist. Eine mögliche Struktur für das methodische Vorgehen im schulischen Kontext könnte folgendermaßen aussehen:

- Präsentation des Backlogs (Rahmenanforderungen) durch die Lehrperson
- Erstellen der Sprint-Planung (inhaltliche Gestaltung der Rahmenanforderungen/ Definieren von Teilzielen, Entscheidung über das methodische Vorgehen, Teambildung) durch die Schüler*innen
- Sprints (Planung der Arbeitsschritte und Arbeit in Teams an den definierten Teilzielen)
- Sprint-Reviews und Retrospektiven (Evaluation der Ergebnisse in den Reviews, Evaluation der Vorgehensweise in den Retrospektiven, konstruktives Feedback durch die Lehrperson als Facilitator nach jedem Sprint)
- Abschließende Retrospektive (Evaluation des Projekts) im Plenum

Der Einsatz digitaler Medien in der Projektarbeit bietet viele Vorteile. Die Organisation kann digital erfolgen und die Planung steht somit allen jederzeit zur Verfügung. Es kann eine Projektmanagementanwendung genutzt werden. Es können jedoch auch spezifische Einzelanwendungen verwendet werden, z. B.:

- Präsentationsanwendung für den Backlog
- Digitale Pinnwand für die Sprint-Planung
- Tabellenkalkulationsprogramm für die Dokumentation der Sprints
- Evtl. Umfrageanwendungen für die abschließende Retrospektive (z. B. für eine Zielscheibenevaluation als Grundlage für das Evaluationsgespräch)

Die digitale Dokumentation garantiert darüber hinaus Transparenz. Alle können jederzeit und an jedem Ort den Stand des Arbeitsprozesses sowie die bisherigen Ergebnisse einsehen. Das Team kann somit jederzeit die Vorgehensweise reflektieren und steuern. Für die Sprint-Reviews und Retrospektiven haben alle die Arbeitsergebnisse zur Evaluation vorliegen.

Die übernommenen Aufgaben werden digital ausgeführt, sodass die Ergebnisse mit allen direkt geteilt werden und auch zu einem späteren Zeitpunkt noch allen zur Verfügung stehen.

QR 5:
Beispiel einer selbstständigen Erarbeitung eines Lehrwerkmoduls in Klassenstufe 10

2.8 Flipped Classroom

In einem lehrerzentrierten Setting findet die Erarbeitungsphase oft im Plenumsunterricht statt und die Anwendung wird teilweise in die Hausaufgabe verlegt. Flipped Classroom, also umgekehrter Unterricht, sieht für die Inputphasen eine individuelle Erarbeitung außerhalb und für die Anwendungsphasen Aktivitäten innerhalb der Unterrichtszeit vor.

Für die Inputphase wird oft ein Video eingesetzt, das von der Lehrperson für die Lerngruppe erstellt wurde. Es können jedoch auch Fremdvideos zum Einsatz kommen. Vorteile eines selbst erstellten Videos sind u. a., dass man die Themendarstellung an die Bedürfnisse und Lernvoraussetzungen der Lerngruppe anpassen sowie den geltenden Lehrplan und die im Lehrwerk verwendete Terminologie berücksichtigen kann. Ein Vorteil eines Fremdvideos kann z. B. sein, dass es eventuell von einem professionellen Team erstellt wurde und daher technische Möglichkeiten der Inhaltspräsentation sowie ein Storytelling nutzt, was man alleine im Alltag kaum so perfekt organisieren kann.

Da die Inputphase umgedreht wird, somit außerhalb der Unterrichtszeit stattfindet, haben die Schüler*innen die Möglichkeit, die Erarbeitung eines Themas, auch in Bezug auf ihre Fragen und Probleme, individuell und in ihrem persönlichen Arbeitstempo zu gestalten. Die Videos können je nach Bedarf mehrmals angesehen werden und es kann individuell an bestimmten Stellen eine Pause eingelegt werden, um die Informationsaufnahme zu reflektieren oder Notizen zu Fragen zu machen, die dann im Unterricht besprochen werden können. Darüber hinaus ist es für die Lehrperson empfehlenswert, als Orientierungshilfe begleitende Aktivitäten zu dem Videomaterial hinzuzufügen. Mit entsprechenden Anwendungen lassen sich Videos interaktiv gestalten. Dies ist allerdings nur möglich, wenn das Video offen lizenziert und eine Bearbeitung erlaubt ist (s. QR-Code® zu OER in Kap. 10). Alternativ dazu kann die Lehrperson z. B. in das digitale Lernmanagementsystem begleitende Aktivitäten einstellen.

Die Unterrichtszeit wird im Flipped Classroom für Aktivitäten in Partner*innen- oder Gruppenarbeit genutzt, bei denen die erworbenen Lerninhalte angewandt werden und jede*r für sich überprüfen kann, ob die Lerninhalte verarbeitet wurden und zu Handlungsfähigkeit führen. In diesen Arbeitsphasen hat die Lehrperson Zeit, individuell auf die notierten Fragen einzugehen. Es können auch Aktivitäten in Einzelarbeit vorgesehen werden, damit jede*r für sich die Verarbeitungstiefe überprüfen kann. Treten Fragen oder Unsicherheiten auf, kann dies mit einem*einer Lernpartner*in, innerhalb einer Gruppe oder mit der Lehrperson besprochen werden und es kommt nicht wie bei Hausaufgaben zum Abbruch der Aktivität.

Im Unterricht soll Schüler*innen die Möglichkeit gegeben werden, sich Lerninhalte selbst zu erarbeiten. Es gibt jedoch immer wieder Unterrichtssituationen, für die ein Input nötig ist. In diesen Fällen kann Flipped Classroom eine geeignete Möglichkeit sein. Die Lehrperson muss prüfen, wann Flipped Classroom eine geeignete Organisationsform ist. Im Mathematikunterricht, wo entdeckendes Lernen teilweise an Grenzen stößt, kann Flipped Classroom häufiger zum Einsatz kommen als z. B. im Fremdsprachenunterricht, wo das gemeinsame Erarbeiten von Lerninhalten unter Verwendung der Zielsprache im Vordergrund stehen sollte. Im Fremdsprachenunterricht kann Flipped Classroom jedoch sinnvoll sein, um den Schüler*innen z. B. Dokumentationen zu historischen oder gesellschaftlichen Ereignissen zur individuellen Erarbeitung außerhalb der Unterrichtszeit zur Verfügung zu stellen. Dadurch kann mit der Lerngruppe innerhalb des Unterrichts direkt die Analyse und Bewertung der Inhalte sowie die Thematisierung von interkulturellen Aspekten erfolgen. Auch in gesellschaftswissenschaftlichen Fächern oder in Deutsch, Religion/Ethik/Philosophie können Videos zu historischen Ereignissen, geographischen Phänomenen oder gesellschaftlichen Aspekten zum Einsatz kommen. In musischen Fächern kann individuell eine Werkbetrachtung außerhalb der Unterrichtszeit vorgesehen werden. In Sport könnten die Schüler*innen Bewegungsabläufe in einem Video beobachten, sodass es im Unterricht nach einer kurzen gemeinsamen Besprechung direkt zur praktischen Umsetzung kommen kann. Wichtig ist, daran zu denken, Aktivitäten für die Schüler*innen einzuplanen, die das Video nicht vorbereitend ansehen konnten bzw. es nicht angesehen haben.

2.9 Mindmapping

Mindmapping ist eine Methode, die ein individuelles Visualisieren von Lerninhalten ermöglicht. Mindmaps sind ein Denkwerkzeug für ein individuelles Ideen- oder Informationsmanagement. Die Darstellungsform der Mindmap entstand nach Erkenntnissen der Funktionsweise des Gehirns. Mindmaps helfen, ein Thema klar und übersichtlich darzustellen. Das Thema erscheint im Zentrum. Um das Thema herum werden die Assoziationen, Ideen oder Aspekte zu dem Thema wie Äste notiert. Dabei können sich die Äste auch verzweigen. Eine Mindmap hilft, Assoziationen, Ideen oder Informationen zu strukturieren. Zur Aufbereitung von Informationen erfordert Mindmapping eine Reduktion auf relevante Schlüsselbegriffe und ermöglicht eine Visualisierung komplexer Sachverhalte. Neben dem Festhalten wichtiger Aspekte können auch Zusammenhänge verdeutlicht werden.

Die digitale Version bringt mehrere Arbeitsschritte zusammen. Die Ideen oder Aspekte können zuerst notiert werden, um sie danach durch Drag-and-drop in eine Struktur zu bringen, die immer wieder verändert werden kann. Darüber hinaus können multimediale Inhalte hinzugefügt werden.

Mindmapping kann von den Schüler*innen in verschiedener Form genutzt werden, z. B.:

- zur Darstellung relevanter Aspekte eines Themas oder Textes; in allen Fächern möglich
- als zusammenfassende Wiederholung von Lerninhalten am Ende einer Unterrichtseinheit; in allen Fächern möglich

- zur Ideensammlung zu einem Thema als Planungshilfe für eine schriftliche Ausarbeitung; in allen Fächern möglich
- zur Strukturierung von themenspezifischem Wortschatz im Fremdsprachenunterricht

2.10 Blackout Poetry

Blackout Poetry ermöglicht eine individuelle Auseinandersetzung mit Texten und eine Fokussierung auf für den eigenen Lernprozess relevante Aspekte. In der ursprünglichen Form versteht man unter Blackout Poetry eine kreative Dekonstruktion eines Textes, um eine neue Darstellungsform daraus entstehen zu lassen. Dafür schwärzt man Teile eines Textes so, dass daraus ein visuelles Gedicht entsteht. Die Ränder des geschwärzten Bereichs können die Schüler*innen in eine Form bringen, die einen Bezug zu dem Inhalt aufweist.

In einer freieren Variante muss nicht ein Gedicht daraus entstehen. Die Schüler*innen können Blackout Poetry auch als Visualisierungsmethode nutzen, um relevante Aspekte des Textes zu akzentuieren. Dafür wird der Text individuell gelesen und es wird individuell entschieden, welche Schlüsselwörter man für das Verständnis bzw. für die Zusammenfassung des Inhalts für wichtig erachtet. Diese Schlüsselwörter belässt man in ihrer Form und schwärzt alle Bereiche um diese Schlüsselwörter herum. Es können auch andere Farben verwendet werden und es können bestimmte Elemente durch Umrahmung hervorgehoben werden, statt alle nicht fokussierten Elemente zu schwärzen. Die Rahmen können so miteinander verbunden werden, dass daraus eine Gesamtzeichnung entsteht, die den Inhalt zusätzlich visualisiert. Die Gestaltung kann nach individuellen Vorstellungen erfolgen. In sozialen Netzwerken mit visueller Suchmaschine findet man viele Beispiele dazu. Diese Methode ist vielseitig einsetzbar.

Im Deutsch- oder Fremdsprachenunterricht kann Blackout Poetry in der ursprünglichen Form verwendet werden, um aus Textseiten visuelle Gedichte entstehen zu lassen. Die entstandenen Werke können nach Absprache z. B. in Form eines E-Books zusammengetragen und allen zur Verfügung gestellt werden.

In allen Fächern kann diese Methode genutzt werden, um Schlüsselwörter eines Textes hervorzuheben. Dies geht mit jeder Textsorte. Die Ausblendung der Elemente um die Schlüsselwörter herum bewirkt, dass direkt ein Überblick über relevante Aspekte entsteht. Eine digitale Umsetzung weist einige Vorteile auf:

- Das Schwärzen geht über die Funktion des Ausfüllens einer Form sehr schnell.
- Die Farbe drückt sich nicht auf Folgeseiten durch.
- Der Originaltext bleibt erhalten.
- Es können schnell und einfach Korrekturen bzw. Änderungen in der Gestaltung vorgenommen werden.
- Es wird kein spezielles Material benötigt.
- Das Ergebnis kann direkt archiviert und ggf. mit anderen geteilt werden.

2.11 Search Poetry

Search Poetry ermöglicht eine individuelle, kreative Auseinandersetzung mit einem Thema. Search Poetry entsteht, indem man die Autovervollständigungs-Funktion von Suchmaschinen nutzt, um Gedichte zu verfassen. Die Schüler*innen geben einen Satzanfang oder einen Suchbegriff ein und suchen aus den vorgeschlagenen Vervollständigungen Kombinationen aus, die ein Gedicht ergeben. In abgeänderter Form kann dies auch genutzt werden, um in Listen- oder Freitextform Aspekte zu einem Thema zusammenzustellen. Neben Suchmaschinen können auch Anwendungen zur Autovervollständigung genutzt werden. Es gibt z. B. Anwendungen, die eine Autovervollständigung für wissenschaftliche Arbeiten vorschlägt. Diese Anwendungen nutzen die künstliche Intelligenz neuronaler Netzwerke.

Search Poetry kann als Einstieg in ein Unterrichtsthema gewählt werden. Die Schüler*innen geben das Thema oder einen Aspekt des Themas als Schlüsselwort oder in Form eines Satzanfangs ein und stellen die Vervollständigungsvorschläge so zusammen, dass ein Überblick über Facetten des Themas oder über Charakteristika des Unterrichtsgegenstands entstehen. Für eine Übersicht über ein Thema müssen ggf. mehrere Suchanfragen durchgeführt werden. Vor der Übernahme von Kombinationen sollten die Informationen auf sachliche Korrektheit hin überprüft werden. Search Poetry bietet sich z. B. an:

- zum Verfassen eigener Gedichte im Deutsch- oder Fremdsprachenunterricht
- für eine Beschreibung von naturwissenschaftlichen Phänomenen in den Fächern Biologie, Chemie und Physik
- zur Beschreibung von globalen Entwicklungen im Erdkundeunterricht
- zur Charakterisierung einer historischen Epoche im Geschichtsunterricht
- für eine Darlegung des Verständnisses von Grundwerten und Grundrechten im Sozialkundeunterricht
- für eine Einführung in eine Kunstepoche im Fach Bildende Kunst
- für eine Einführung in eine Musikrichtung im Fach Musik
- zum Erforschen von Deep Learning im Informatikunterricht

2.12 Erstellen von Merkhilfen durch Bildwörter

Bildwörter können als individuelle visuelle Merkhilfen genutzt werden. Ein Bildwort ist eine Kombination aus Buchstaben und Zeichnungen. Es kann z. B. ein Buchstabe des Wortes gewählt werden, der in eine Zeichnung eingebettet wird, die die Bedeutung des Wortes darstellt. Die Lernenden können Bildwörter z. B. für Merkwörter nutzen. Dabei wird der Buchstabe, der eine orthographische Besonderheit darstellt, zeichnerisch gestaltet. Die bildhafte Darstellung dient als mnemotechnische Hilfe. Gerade beim Erlernen der Schriftsprache in der Grundschule oder zum Lernen von Vokabeln im Fremdsprachenunterricht ist diese Methode hilfreich. So kann z. B. das V in Vogel als Vogelgesicht mit dem V als Schnabel gezeichnet werden. Bildwörter können auch genutzt werden, um Schlüsselbegriffe eines Themas oder Schlüsselwörter eines Textes darzustellen. Dabei kann es sich um einen Sach- oder auch literarischen Text handeln. Die zeichnerischen Elemente machen die zentralen Begriffe anschaulich. Diese werden damit verständlicher und wirken einprägsamer. Bildwörter können in jedem Fach erstellt werden und können z. B. ein traditionelles Glossar oder das reine Markieren von Textstellen ersetzen.

Zum Anfertigen von Bildwörtern stehen kostenlose Zeichenprogramme zur Verfügung. Es kann ein digitaler Stift genutzt werden. Erfahrungsgemäß kommen die Schüler*innen jedoch auch gut damit zurecht, die Zeichnungen mit dem Finger anzufertigen. Dies geht natürlich auch mit Papier und Stift. Eine digital angefertigte Zeichnung hat jedoch Vorteile gegenüber der Papierversion. Die Schüler*innen können Elemente schnell, einfach und sauber korrigieren. Die Zeichnung kann somit problemlos unzählige Male ohne Qualitätsverlust in der Ausführung verändert werden. Je nach Verfügbarkeit können die Schüler*innen statt Zeichnungen auch Emojis verwenden. Zudem kann die Lehrperson die digitale Version einfach archivieren und allen zur Verfügung stellen. Steht ein digitales Lernmanagementsystem zur Verfügung, können die Schüler*innen die Bildwörter auf dieser Plattform zusammentragen. Es können auch digitale Pinnwände dazu genutzt werden.

Abb. 1: Beispiel für ein Bildwort | »Weather Sunny Clip Art«, Illustration shared by Ocal, unter CC0 1.0, via http://www.clker.com/clipart-6492.html [14.01.2020]

2.13 Individualisierung in Prüfungssituationen

Digitale Prüfungen

Suchen wir privat nach Informationen, gehen wir dafür direkt ins Internet oder fragen in Messengergruppen nach. Im Unterricht recherchieren die Schüler*innen ebenfalls im Internet.

Daher ist es konsequent, diese Arbeitsweise auch in Prüfungen beizubehalten. Eine Individualisierung findet statt, da jede*r Schüler*in in seiner gewohnten Arbeitsweise Aufgaben bearbeiten kann. Bei Prüfungsbögen in Papierform werden oft ein Glossar oder andere Hilfsanmerkungen von der Lehrperson hinzugefügt. Manchen nützen diese Angaben, manchen sind aber gerade diese Informationen bekannt und sie hätten andere Hilfen benötigt. Im digitalen Format kann jede*r durch autonome Recherche die Hilfen nutzen, die er*sie individuell braucht.

Technisch ist es möglich, den Zugriff nur auf eine bzw. bestimmte Apps einzuschränken. Sinnvoll ist dies eventuell nicht immer. Vielmehr ist eine wichtige Kompetenz in unserer digital geprägten Gesellschaft, dass Schüler*innen lernen, selbstständig zu recherchieren, relevante Informationen aus einer Flut von Angeboten herauszufiltern, sie zu verarbeiten und für eigene Bedürfnisse zu nutzen. Teilweise ist zu beobachten, dass selbst Informationen, die einfach zu recherchieren wären, eher in einer Messengergruppe nachgefragt werden, was oft zu einer wenig zielführenden Nachrichtenflut in Chatgruppen führt.

Die Recherche von Informationen, die Wahl geeigneter Suchbegriffe, die Nutzung geeigneter Suchmaschinen ist eine Kompetenz, die es zu erwerben gilt. Suchergebnisse abzuscannen auf relevante Aspekte und zuverlässige Quellen ist eine weitere wichtige Kompetenz. Die Informationen zu filtern und zur Bearbeitung der Aufgabenstellung entsprechend zu strukturieren und Wissen zu verknüpfen, um Sachverhalte zu analysieren und zu bewerten bzw. Problemstellungen zu lösen, ist nicht einfach nur durch das Internet zu bewältigen. Diese Kompetenzen sollten daher auch in Prüfungen einzubringen sein. Das bedeutet, dass sich die Prüfung nicht auf die Reproduktion von Wissen beschränkt, was allerdings auch bei in Papierform präsentierten Aufgabenstellungen nicht der Fall sein sollte. Es geht vielmehr um eine Aufgabenkultur, die analytisches, problemlösendes Denken sowie Bewerten von Sachverhalten und Gestalten von Ideen fördert. Wissen ist auch hier nötig, da man nur mit einem gewissen Wissensstand in der Lage ist, Fragen zu stellen und im Netz nach relevanten Informationen zu suchen. Zudem müssen Aufgaben in einem vorgegebenen Zeitrahmen bearbeitet werden, was unmöglich macht, ohne Vorwissen mit der Suche im Netz zu beginnen bzw. jeden einzelnen Aspekt zu recherchieren.

Es geht darum, dass man sich Hilfen zunutze macht, um etwas präziser oder differenzierter auszudrücken. Ob man in Fremdsprachenprüfungen die ein oder andere Vokabel oder grammatische Form sucht, in Mathematik eine Formel aufruft, in Chemie einen Blick in das Periodensystem wirft, in Deutsch die korrekte Schreibweise eines Wortes sucht, all dies wird die Note nicht bahnbrechend positiv verändern. Wichtig ist die Kompetenz, das Wissen, ob bereits vorher erworben oder in der Prüfungssituation recherchiert, der Aufgabenstellung angemessen anzuwenden. Prüfen muss die Lehrperson, ob Aufgabenstellungen nicht so formuliert sind, dass Lösungen im Netz dazu direkt auffindbar sind. Dadurch wird vermieden, dass eine Gedichtinterpretation, literarische Analyseaufgabe, ethische Fragestellung oder reproduktive Aufgaben gewählt werden, zu denen einfach Informationen aus dem Netz kopiert werden können. Stellt die Lehrperson spezifische Aufgaben, kann eine Recherche im Netz helfen. Die Gedanken zur Lösung der Aufgabe müssen von den Lernenden jedoch selbst entwickelt werden.

Lässt die Lehrperson nicht nur digitale Möglichkeiten als Hilfe zu, sondern möchte auch die Prüfung selbst in digitaler Form durchführen, ist bei der Konzeption zu bedenken, wie viel Zeit für die Eingabe der Lösungen bzw. des Textes benötigt wird, da dies gegenüber der handschriftlichen Anfertigung evtl. etwas mehr Zeit in Anspruch nehmen kann. Bei der Bewertung muss vorher überlegt und transparent gemacht werden, wie die Lehrperson mit eindeutigen Tippfehlern umgeht. Für digitale Prüfungen wäre empfehlenswert, schuleigene Geräte und WLAN zur Verfügung zu stellen, damit nicht die Schüler*innen mit dem performanteren Gerät und dem höheren Datenvolumen einen Vorteil gegenüber anderen haben.

Individuelle digitale Prüfungsformate

In vielen Bundesländern sind neben Klassen- und Kursarbeiten individuelle alternative Leistungsmessungsformen möglich. Andernfalls können im Bereich der weiteren Lernleistungen individuelle Leistungsnachweise vorgesehen werden. Durch die Wahl des Darstellungsmediums und der Darstellungsform können individuelle Stärken eingebracht werden. Damit erfolgt Leistungsmessung nicht mehr nur nach einer sozialen, sondern auch nach einer individuellen Bezugsnorm. Neben motivationalen Aspekten wird das kreative Potenzial gefördert. Eine kreative Umsetzung erfordert eine tiefgehende individuelle Auseinandersetzung mit den Lerninhalten.

Digital können traditionelle Prüfungsformate z. B. durch die praktische Arbeit erweitert werden. Dabei kann den Schüler*innen individuell die Wahl gelassen werden, in welcher Form sie Lerninhalte aufbereiten und präsentieren. Die Lehrperson stellt Möglichkeiten vor, es können aber auch eigene Ideen eingebracht werden. Folgende Formate bieten sich z. B. an:

- visuelle Darstellung der Lerninhalte in einer virtuellen Welt (s. Kap. 3.25)
- visuelle Aufbereitung der Lerninhalte in Form eines Films (Erklärvideo, Stop-Motion, Animationsfilm, Film mit Greenscreen-Effekten (s. Kap. 3.6), Sprechende Bilder (s. Kap. 3.9.2))
- visuelle Umsetzung in Form eines Comics oder einer Fotodokumentation (s. Kap. 2.1.4)
- plastische Darstellung der Lerninhalte durch 3D-Druck (s. Kap. 3.8)
- auditive Umsetzung in Form eines Hörspiels oder Podcasts (s. Kap. 3.5.2)
- Präsentation der Lerninhalte auf einem digitalen Plakat, in Form von digitalen Sketchnotes oder einer digitalen Folienpräsentation (s. Kap. 2.1.4)

Kriterien zur Bewertung können sein:
- Themenwahl/Auswahl der Inhalte
- Wahl des Darstellungsmittels
- Organisation
- Selbstständigkeit
- Bezug der Darstellung zum Inhalt
- Dokumentation

Wichtig, nicht nur um die Organisation und Selbstständigkeit angemessen bewerten zu können, ist, dass die praktische Arbeit innerhalb des Unterrichts angefertigt wird und nicht in die häusliche Arbeit verlegt wird, wo eventuell das Erstellen an Eltern outgesourct wird. Die praktische Arbeit kann in Einzel-, Partner*innen- oder Gruppenarbeit angefertigt werden. Durch die Bewertungskriterien Organisation und

Selbstständigkeit finden auch bei Partner*innen- und Gruppenarbeit individuelle Bewertungen statt.

QR 6:
*Beispiel für einen Evaluationsbogen
zur Bewertung einer digitalen
praktischen Arbeit*

2.14 Feedback

Feedback ist einer der wirkungsstärksten Einflussfaktoren für eine Förderung von Lernprozessen. Dabei wird den Schüler*innen eine individuelle Rückmeldung zu ihrem Lernstand gegeben. Es ist wichtig, dass eine konstruktive Feedbackkultur aufgebaut wird. Dies ermöglicht eine Selbstreflexion oder eine Evaluation in Gesprächen mit der Lehrperson oder als Peer-Feedback mit Mitschüler*innen, ob die Arbeitsweise verändert werden sollte oder beibehalten werden kann. Bei Änderungsbedarf können neue Lernwege gefunden werden.

Feedback in digitaler Form bietet viele Lernchancen. Wird digital an einer Aufgabe gearbeitet, können die Lernenden anderen Einblick in die Arbeit gewähren, um Rückmeldungen zu erhalten. Feedback ist besonders effektiv, wenn es sich auf konkrete Lernprozesse bezieht. Darüber hinaus ist es wichtig, nicht nur Rückmeldung zu dem Ergebnis, sondern auch zu dessen Entstehungsprozess zu geben. Faktoren wie das selbstständige Erkennen von unlogischen Aspekten und einer sorgfältigen Überarbeitung der jeweiligen Version sind wichtig in einem Arbeitsprozess und sollten daher ebenfalls evaluiert werden. Dabei ersetzt digitales Feedback nicht persönliche Gespräche. Es bietet als Ergänzung jedoch viele Möglichkeiten:

- Das Feedback steht den Lernenden digital dauerhaft zur Verfügung und sie können in Ruhe überlegen, was sie aus den Rückmeldungen machen. Anmerkungen in digitaler Form sind zudem gut leserlich. Anmerkungen bzw. Verbesserungsvorschläge können direkt aufgenommen bzw. in das Arbeitsergebnis eingearbeitet werden.
- Die Schüler*innen können mit Anwendungen oder in Lernplattformen arbeiten, die anderen einen Einblick in die Arbeit erlauben. Dies ermöglicht eine formative Evaluation. Die Entwicklung kann von der Lehrperson beobachtet werden, damit diese ggf. direkt Rückmeldung geben kann, wenn die Schülerin oder der Schüler die Vorgehensweise nochmals überdenken sollte. Die Anwendungen verfügen oft über eine integrierte Kommentarfunktion bzw. einen Work Chat. Die Lehrperson kann Anmerkungen zu dem gesamten Textdokument oder nur zu bestimmten Teilen geben. Auf den Kommentar können die Schüler*innen reagieren in Form von Rückfragen oder Begründungen des gewählten Vorgehens. Anmerkungen können in

dem Work Chat diskutiert werden. Akzeptiert man die Anregungen oder hat sie durchdiskutiert, kann der Kommentar gelöscht werden. Dadurch sieht das Dokument weiterhin übersichtlich aus und bleibt das Produkt der Schülerin bzw. des Schülers und ist nicht entstellt durch Anmerkungen der Lehrperson. Die Lehrperson sollte jedoch darauf achten, dass dies nicht zu einer starken Kontrolle ausartet, sondern dass den Lernenden genügend Raum gelassen wird zur freien Entfaltung. Die Lehrperson kann evtl. nur auf Bitte der Schülerin oder des Schülers Feedback zu dem Arbeitsprozess und Ergebnisstand geben. Auf diese Art ist eine konstruktive Unterstützung möglich.

- Eine weitere Möglichkeit des Feedbacks besteht in der Einrichtung einer digitalen Schreibkonferenz. Kriterienorientiert wird in Form von Peer-Evaluation konstruktives Feedback gegeben, das Hilfen zur Überarbeitung des Textes bietet.
- Neben Feedback aus der Lerngemeinschaft können Anwendungen für interaktive Aktivitäten genutzt werden, die die Auswertung übernehmen. Die Lernenden erhalten direkt Rückmeldung zu ihren Arbeitsergebnissen, was Selbstevaluation ermöglicht. Die Schüler*innen können selbst bestimmen, ob sie sich ggf. Hilfe oder weitere Informationen zu dem Thema suchen, die Aktivität wiederholen oder ob kein weiterer Übungsbedarf mehr besteht. Da die automatische Auswertung oft in gamifizierter Form erfolgt, motiviert dies oft zu erneutem Durchführen der Aktivität, um den eigenen Highscore oder die eigene Bestzeit zu verbessern. Das Feedback in spielerischer Form fördert durch das mehrmalige Bearbeiten die Verankerung der Übungsinhalte im Langzeitgedächtnis.
- Da die Schüler*innen selbstständig an dem Arbeitsergebnis oder mit den Aktivitäten arbeiten, hat die Lehrperson Zeit, individuell auf Rückfragen einzugehen und individuell zu beraten.

2.15 Fachspezifische Möglichkeiten

Fachspezifisch gibt es unzählige mobile Apps und Webanwendungen, mit denen man individuell die eigenen Lernprozesse unterstützen und den Lernerfolg überprüfen kann. Die folgende Auswahl kann nur einen kleinen Einblick in die Möglichkeiten geben, da die Anzahl der Angebote grenzenlos ist.

- *Bildende Kunst*: Es gibt Apps, mit denen man virtuelle Museumsbesuche unternehmen kann. Hier können die Schüler*innen individuell Kunstwerke betrachten und detaillierte Informationen dazu erhalten.

  Um selbst produktiv zu werden, können Plattformen oder Kreativ-Software, z. B. zum Erstellen von Texture-Mapping, Videoinstallationen oder 3D-Druck-Projekten bzw. Skulpturen genutzt werden.
- *Biologie:* In Biologie gibt es z. B. Zuordnungs-Apps, in denen Tiere zu Tiergruppen oder Tieren bestimmte Merkmale zugeordnet werden müssen. Durch das Bewegen der Elemente und die spielerische Aufbereitung wird die Behaltensleistung erhöht.

Um die menschlichen Organe zu erforschen, gibt es VR-Touren durch den Körper. Hier können die Schüler*innen individuell den Aufbau betrachten.

- *Chemie:* In Chemie kann z. B. ein interaktives Periodensystem die Elemente anschaulich darstellen sowie begreifbar machen und damit die Behaltensleistung unterstützen. Damit kann individuell gearbeitet werden.

- *Deutsch:* Im Fach Deutsch können die in Textverarbeitungsprogramme integrierte Rechtschreib- sowie Grammatiküberprüfung und das aufrufbare Synonymwörterbuch Verbesserungen im Formalbereich und im schriftlichen Ausdruck bewirken. Um Schreibprozesse zu unterstützen, können Anwendungen genutzt werden, die Strukturen von Textsorten wie Erörterungen vorgeben. Die Schüler*innen werden Schritt für Schritt begleitet bei der Erstellung der entsprechenden Teile.

  Im Primarbereich können Lese- und Schreib-Lernapps genutzt werden, um individuell Lernprozesse zu unterstützen. Eine spielerisch-haptische Konzeption sowie eine Vorlesefunktion erleichtern das Erlernen des Schreibens der Buchstaben. Bei Lese-Lernapps unterstützen interaktive Aktivitäten sowie multimediale Elemente den Lernprozess. Eine interaktive bildgestützte Anlauttabelle kann an das Lesen heranführen. Die Vorlesefunktion kann als Hilfe aufgerufen werden. Die Streich-Lesen-Technik kann die Zusammensetzung eines Wortes begreifbar machen. Durch Streichen über das Wort können die Schüler*innen die einzelnen Buchstaben sehen und die einzelnen Laute hören.

- *Deutsch als Fremdsprache:* Schüler*innen, die die deutsche Sprache noch nicht oder nur kaum beherrschen, können digitale Lernangebote und Übersetzungshilfen nutzen. Diese sollen nicht Unterrichtsangebote ersetzen, da Bildungseinrichtungen dafür sorgen müssen, dass alle uneingeschränkten Zugang zu Bildung haben. Es kann jedoch als Zusatzmöglichkeit den individuellen Spracherwerb unterstützen.

- *Erdkunde:* Für das Fach Erdkunde gibt es geographische Quiz-Apps oder -Webanwendungen, bei denen z. B. nach einem Foto bestimmt werden soll, an welchem Ort bzw. in welcher Region dies aufgenommen wurde. Es gibt auch Zuordnungsspiele von Städten zu Ländern oder Ländern zu Kontinenten. Ein interaktiver Atlas motiviert ebenfalls zur individuellen Auseinandersetzung mit einem geographischen Gebiet.

  Die Schüler*innen können ein Web GIS nutzen, um thematische Karten zu erstellen. Sie können räumliche Daten recherchieren, zusammenstellen, analysieren und präsentieren. Daten können individuell gestaltet werden.

- *Fremdsprachen:* Zum Erlernen einer Fremdsprache können die Schüler*innen Vokabeltrainer nutzen. In spielerischer Form können sie ihren Lernerfolg überprüfen.

  Zum Üben der Aussprache gibt es Anwendungen, bei denen man Text einspricht. Die Spracheingabe wird in Wave-Form angezeigt. Dies kann mit der Anzeige einer Muttersprachlerin bzw. eines Muttersprachlers verglichen werden. Die Schüler*innen können auch bei entsprechender Spracheinstellung die Diktierfunktion von Textprogrammen nutzen, um die korrekte Aussprache anhand der Transkription zu überprüfen.

- *Geschichte:* Im Fach Geschichte werden Apps angeboten, mit denen man auf individuelle 3D-Entdeckungstour durch die Geschichte gehen kann, sodass diese erlebbar wird.

  Interessant sind auch Plattformen, die das Erstellen von digitalen Zeitreisen ermöglichen. Die Schüler*innen geben historische Ereignisse ein. Für eine geographische Verortung ist eine Verknüpfung mit digitalen Karten möglich. Aus diesen Ereignissen lassen sich Stories erstellen, um eine virtuelle Zeitreise zu unternehmen.

- *Mathematik:* Für den Grundschulbereich gibt es Apps, mit denen die Schüler*innen individuell spielerisch Zählen und Rechnen üben können.

  Für den Sekundarbereich gibt es Apps, die Aufgaben aus auswählbaren Themenbereichen generieren und bei nicht korrekten Ergebnissen Schritt-für-Schritt-Lösungen und Erklärungen der Rechenwege anzeigen.

  Die Verwendung einer dynamischen Geometriesoftware bietet einen experimentellen Zugang zu mathematischen Zusammenhängen. Schüler*innen können selbstständig Formeln und Funktionen erkunden.

- *Musik:* Es gibt Apps, die das Erlernen der Notenschrift erleichtern. Damit können die Schüler*innen individuell auf unterschiedlichen Schwierigkeitsstufen und mit unterschiedlichen Darstellungsformen üben. Die spielerische Konzeption sowie eine Visualisierung und Verklanglichung der Noten unterstützen den Lernprozess. Apps, die ein digitales Produktionsstudio zur Verfügung stellen, können genutzt werden zum gemeinsamen Musizieren z. B. in einer Tablet-Band. Jede*r kann ein Instrument der Wahl ausprobieren. Wer möchte, kann ein Musikstück komponieren.

- *Physik:* Für das Fach Physik können interaktive Simulationsapps genutzt werden, z. B. zu Wellenversuchen. Die Simulation kann selbst gesteuert und so oft wiederholt werden wie nötig. Dadurch können die Schüler*innen individuell mit physikalischen Phänomenen experimentieren.

  Darüber hinaus gibt es Apps für physikalische Messungen, die die Sensoren eines Smartphones nutzen, um physikalische Experimente durchzuführen und dadurch selbstständig physikalische Phänomene zu erforschen.

- *Religion:* Es gibt Apps zur Bibel, bei denen man mit auswählbaren Figuren Geschichten aus dem Alten oder Neuen Testament, die man sich in der App anhören kann, nachspielen kann. Die Schüler*innen können die Szenen nach ihren Vorstellungen gestalten und die Bibel spielerisch entdecken.

- *Sachunterricht:* Für den Sachunterricht werden z. B. Natur-Apps angeboten. Hier können die Schüler*innen z. B. mit Spielen zu Waldtieren oder Landwirtschaftsspielen die Natur erkunden. Dies soll nicht einen Unterrichtsgang ersetzen. Die Spiele können zur individuellen Entdeckung eingesetzt werden, wenn ein Unterrichtsgang nicht möglich ist wie bei der Welt der Ozeane. Ebenso können sie zur individuellen Vor- bzw. Nachbereitung eines Unterrichtsgangs oder als Differenzierungsangebot eingesetzt werden.

- *Sozialkunde:* Im Fach Sozialkunde kann eine Wahlentscheidungshilfe-Anwendung zum Einsatz kommen, damit sich Schüler*innen über Perspektiven politischer Themen informieren können und für politische Beteiligung sensibilisiert werden.

Im Sozialkundeunterricht können digitale Simulationsspiele genutzt werden, mit denen Wirtschaftsprozesse erfahrbar werden. Es müssen Entscheidungen getroffen werden und oft können unterschiedliche Levels gewählt werden, was individuelle Lernerfahrungen ermöglicht.

- *Sport:* Im Sportunterricht können Trainer-Apps verwendet werden. Die Schüler*innen wählen die gewünschte Sportart und lassen den eigenen Bewegungsablauf filmen. Dieser wird analysiert, z. B. mithilfe einer Zeitlupenfunktion oder Bildeinzelschaltung. Darüber hinaus kann der eigene Bewegungsablauf mit dem Idealablauf einer Profisportlerin oder eines Profisportlers verglichen werden.

3. Kollaboratives/Kooperatives Lernen

3.1 Didaktische Aspekte

Zur Persönlichkeitsentwicklung gehört die Stärkung von Sozialkompetenzen. Wichtig sind zudem Erfahrungen, welche Vorteile es bringt, im Austausch mit anderen zu lernen. Dies wird möglich, indem Schüler*innen ihre Lernprozesse in Wissensnetzwerken nach konnektivistischen Prinzipien gestalten. Kollaborativ/Kooperativ nutzbare digitale Anwendungen ermöglichen den Schüler*innen, dass sie in unbegrenzter Gruppengröße gemeinsam orts- und zeitunabhängig an einem Arbeitsergebnis zusammenarbeiten können. Kollaborativ bedeutet, dass gemeinsam an einer Aufgabe gearbeitet wird. Kooperativ bedeutet, dass arbeitsteilig an einem gemeinsamen Ziel gearbeitet wird. Bei beiden Vorgehensweisen liegt die Verantwortung für den Arbeits- und Lernprozess bei den Schüler*innen. Durch die positive Abhängigkeit in Bezug auf ein erfolgreiches Arbeiten werden alle aktiviert.

3.2 Kollaboratives Hören/Sehen

Lange Zeit war aus technischen Gründen eine Erschließung von Inhalten eines Audiodokuments oder Videos nur lehrerzentriert in Frontalform möglich. Die Lehrperson spielte das entsprechende Dokument ab und in einem vorgegebenen Rhythmus erarbeiteten sich alle den Inhalt. Gibt man digitale Geräte in die Hand der Schüler*innen, kann diese Erarbeitung kollaborativ oder kooperativ erfolgen. Bearbeitet eine Gruppe eine Sequenz, können Audiosplitter verwendet werden. Diese ermöglichen einen Anschluss mehrerer Kopfhörer an ein Gerät.

Die Schüler*innen können innerhalb eines vorgegebenen zeitlichen Rahmens das Dokument so oft hören, wie es zur Inhaltserschließung nötig ist und individuell bestimmen, an welchen Stellen sie Pausen setzen, um das Verständnis zu überprüfen und Notizen zu machen. Bettet die Lehrperson das Dokument z.B. in eine digitale Pinnwand ein, können die Schüler*innen gemeinsam Notizen zum Inhalt erstellen. Gemeinsam können mehr Aspekte zusammengetragen werden, was der Inhaltserschließung mehr Differenzierung und Tiefgang gibt. Zudem nimmt es Schüler*innen die Angst, alles verstehen zu müssen. Die Lehrperson kann die digitale Pinnwand für ein offenes, gemeinsames Note-taking freigeben oder Hör- bzw. Hör-Seh-Aufträge zu dem Dokument hinzufügen.

Ein Dokument kann auch kooperativ thematisch erschlossen werden, indem arbeitsteilig unterschiedliche Sequenzen erarbeitet werden. Auch hier kann die Lehrperson das Dokument einbetten in eine digitale Pinnwand, die in mehrere Spalten geteilt wird, sodass jede Gruppe ihre Ergebnisse entsprechend dokumentieren kann. Dies ermöglicht eine direkte Ergebnissicherung und einen Gesamtüberblick über die thematischen Aspekte, sodass gemeinsam ein Fazit aus den einzelnen Informationen gezogen werden kann.

3.3 Kollaboratives Schreiben

Kollaboratives Schreiben ist eine schülerzentrierte Methode, die auf einer Interaktion in der Lerngruppe aufbaut. Gemeinsam werden Schreibprozesse geplant und Schreibprodukte erstellt. Bei kollaborativen Schreibprojekten arbeiten die Schüler*innen im Team an dem Verfassen eines Textes. Jede*r kann Text hinzufügen, entfernen oder ändern. Kollaboratives Schreiben kann z. B. stattfinden zum Erproben von unterschiedlichen Schreibformen, zum Erstellen eines gemeinsamen Schreibprodukts oder um Sachverhalte multiperspektivisch darzustellen, um eine differenzierte Sichtweise zu erlangen. Kollaborativ können die Schüler*innen auch eine Lösung zu einer Problemstellung entwickeln.

3.3.1 Kollaborative Gestaltung des Schreibprozesses

Die kollaborative Gestaltung von Schreibprozessen erfolgt prozessorientiert und interaktiv. Nach dem Formulieren von gemeinsamen Zielen werden die Ideen dazu gesammelt und in eine den Zielen entsprechende Textform gebracht. Der Schreibprozess wird immer wieder im Hinblick auf die gesetzten Ziele kontrolliert und der Text ggf. überarbeitet. Planen, Schreiben, Überarbeiten kann mit entsprechenden Features der Anwendung in einem Dokument stattfinden. Für Planung und Umsetzung können die Schüler*nnen je nach Bedarf aber auch unterschiedliche Anwendungen, die kollaborativ nutzbar sind, verwenden.

Planung
– Board
– Etherpad
– Mindmap
– Pinnwand
– Textverarbeitungsanwendungen mit Work Chat
– Wortwolke
Ausführung und Kontrolle
– Etherpad
– Textverarbeitungsanwendungen mit Work Chat

Tab 2: Übersicht über Möglichkeiten

Planung

Board

Ein digitales Board kann wie die Tafel genutzt werden. Es können Ideen gesammelt werden. Alle haben auf das Board Zugriff und können ihre Vorschläge hinzufügen. Dies kann z. B. in Form von Stichwörtern, Clustern oder strukturiert in Ober- und Unterbegriffe erfolgen. Die digitale Version ermöglicht, die zusammengetragenen Ideen nach der Sammelphase zu strukturieren, damit eine Gliederung für die Ausführungsphase entsteht. Zudem steht die Planung digital allen auch zu einem späteren Zeitpunkt noch zur Verfügung. Unterrichtszeit wird nicht damit verschwendet, dass bereits notierte Ideen noch mal in der strukturierten Form abgeschrieben werden müssen, um die Planung für den Ausführungsprozess nutzen zu können. Die Archivierung erfolgt direkt von allen für alle.

Man kann Boards auch in Kleingruppen nutzen. In einem Board können mehrere Seiten angelegt werden. Jede Gruppe arbeitet auf einer Seite. Zur Planung kann die Methode des Ideensterns gewählt werden. Alle können ihre Assoziationen hinzufügen und die Vorschläge anderer sternförmig weiterentwickeln.

In das Board kann ein Placemat als Vorlage eingefügt werden. Jede Gruppe arbeitet in einem Placemat auf einer eigenen Seite. Die Form der Vorlage ist gegenüber der Papiervorlage leicht abgeändert, da alle dieselbe Schreibrichtung haben. Jede bzw. jeder hat seinen Schreibbereich um einen freien Bereich in der Mitte herum. Gegenüber der Papierversion haben hier alle gleichzeitig einen guten Einblick in die Ideen der anderen, was eine Einigung auf eine gemeinsame Version, die in der Mitte des digitalen Sets eingetragen wird, erleichtert. Auch können Vorschläge für die gemeinsame Version schnell und einfach überarbeitet werden. Die Vorlage für die Ausführungsphase ist direkt archiviert und kann jederzeit eingesehen werden. Darüber hinaus kann auch ein Blick auf die Entscheidungen der anderen Gruppen geworfen werden.

Etherpad

Ein Etherpad kann wie ein weißes Blatt genutzt werden, auf dem Ideen für die Texterstellung gesammelt werden. Die digitale Version lässt die Zusammenarbeit aller in dem Planungsprozess zu. Zudem können die Schüler*innen aus den unstrukturiert zusammengetragenen Beiträgen eine Gliederung durch Verschieben und Zusammenfassen der Elemente entwickeln.

Aufgrund der flexiblen Überarbeitungsmöglichkeiten kann das Etherpad auch für die Ausführungs- und Kontrollphase beibehalten werden. Durch das Feature *Time Slider* kann der Schreibprozess noch einmal in der Versionsgeschichte nachverfolgt werden.

Als Kombination aus Planung und Ausführung kann das Etherpad zum Freewriting genutzt werden. Die Schüler*innen halten ihre Gedanken fest, ohne strukturelle und formale Aspekte zu berücksichtigen. Danach können alle gemeinsam an der Struktur arbeiten und die Einzelbeiträge in die gewünschte Textform sowie in einen einheitlichen Schreibstil bringen. Durch die Freiheiten in dem Schreibprozess können

Schreibblockaden verhindert werden. Kreativität kann damit freigesetzt werden, was für die Ideenentwicklung wichtig ist.

Mindmap

Mindmaps visualisieren und strukturieren Gedanken. Es gibt Mindmap-Anwendungen, die kollaboratives Arbeiten zulassen. In die Mindmap können alle ihre Ideen eingeben. In der digitalen Version lassen sich die Elemente nach der Sammelphase gemeinsam ordnen, strukturieren, hierarchisieren, kategorisieren bzw. zusammenfassen, damit eine hilfreiche Vorlage für den Ausführungsprozess entsteht.

Pinnwand

Eine digitale Pinnwand dient dazu, dass alle ihre Ideen anheften können wie bei der Metaplan®-Methode. Manche digitalen Versionen ermöglichen, dass Ideen kommentiert oder durch ein Herz favorisiert werden. Damit kann eine Vorstrukturierung erfolgen. Die Schüler*innen können die Elemente nach der Sammelphase ordnen, z. B. nach Ober- und Unterbegriffen oder strukturellen Kriterien.

Textverarbeitungsanwendungen mit Work Chat

Die Textverarbeitungsanwendung kann wie ein Etherpad genutzt werden. Der integrierte Work Chat ermöglicht, dass einzelne Elemente markiert und in der Gruppe diskutiert werden, bevor Änderungen wie z. B. eine Umstrukturierung vorgenommen werden.

Wortwolke

Eine Wortwolke visualisiert die Ideen zu einem Thema. Die Ideen werden in Form von Stichwörtern eingegeben und erscheinen in Wolken- oder einer anderen vorher festgelegten Form. Eine Wortwolke eignet sich für ein schnelles Brainstorming. Bei kollaborativ nutzbaren Anwendungen können alle gleichzeitig ihre Ideen eingeben. Diese werden direkt angezeigt. Somit entsteht schnell ein Überblick über Aspekte, die für die Texterstellung relevant sein können. Die Lehrperson kann bei den Wortwolkenanwendungen wählen, ob eine mehrmalige Eingabe desselben Stichwortes möglich ist. In diesem Fall erscheint die Idee bei Mehrfachnennung in proportional höherer Schriftgröße. Die Lehrperson kann diese automatische Hierarchisierung aber auch deaktivieren und alle Elemente in derselben Schriftgröße anzeigen lassen. Eine automatische Hierarchisierung zeigt bereits eine Schwerpunktsetzung an. Eine Anzeige in derselben Schriftgröße lässt mehr Offenheit für die weitere Planung.

Ausführung und Kontrolle

Etherpad

Für die kollaborative Texterstellung kann ein Etherpad gewählt werden, da dies eine lineare Textproduktion ermöglicht. Der Text kann z. B. gemeinsam entstehen durch ein Schreibgespräch. Die Schüler*innen können jedoch auch arbeitsteilig vorgehen und jede*r ist für die Ausarbeitung eines Aspektes zuständig. Eine weitere Möglichkeit besteht darin, die Elemente aus einer Freewriting-Phase beizubehalten und gemeinsam in eine Textform zu bringen (s. Erläuterungen unter der Überschrift Planung → Etherpad).

Textverarbeitungsanwendungen mit Work Chat

Kollaborativ nutzbare Textverarbeitungssoftware ermöglicht eine gemeinsame Erstellung. Durch den integrierten Work Chat können Passagen markiert und in einem separat erscheinenden Chat diskutiert werden, bevor ein inhaltlicher Aspekt oder eine Formulierung im Text abgeändert werden. Daher werden Entscheidungen zur Textüberarbeitung gemeinsam getroffen und bleiben für alle nachvollziehbar.

Kollaboratives Schreiben eignet sich z. B. im Deutsch- oder Fremdsprachenunterricht, wenn neue Textsorten wie Bericht, Vorgangs- oder Gegenstandsbeschreibung, Charakterisierung oder innerer Monolog eingeführt werden. Die Zusammenarbeit kann helfen, Unsicherheiten mit der neu eingeführten Textsorte abzubauen und die Angst vor dem weißen Blatt zu nehmen bzw. Schreibblockaden abzubauen. Bei Erörterungen und materialgestütztem Verfassen argumentierender Texte bietet sich eine Zusammenarbeit an, da gemeinsam mehr Argumente zusammengetragen werden und eine differenziertere, mehrperspektivische Sicht in Bezug auf die Problemstellung erreicht werden kann. Die digitale Organisation des Schreibprozesses kann auch für ein exploratives Schreibgespräch genutzt werden. Die Schüler*innen halten ihre Gedanken schriftlich fest und werten sie gemeinsam aus.

In naturwissenschaftlichen Fächern kann kollaboratives Schreiben z. B. bei Versuchsbeschreibungen sinnvoll sein. Beobachtungen werden gemeinsam zusammengetragen und dann in eine strukturierte Beschreibung zusammengeführt.

In gesellschaftswissenschaftlichen Fächern können informative Texte in andere Textsorten wie Zeitungsartikel (z. B. historische Ereignisse, geographische Spannungsfelder) oder innerer Monolog (z. B. einer historischen Figur in Geschichte) umgeschrieben werden. Auch in den Fächern wie Religion und Ethik eignet sich kollaboratives Schreiben im Bereich eines Textsortenwechsels. So können z. B. Inhalte biblischer bzw. philosophischer Texte aus der Perspektive einer der vorkommenden Personen in Form eines Tagebucheintrags nacherlebt werden. Neben einer gemeinsam entwickelten Kreativität erfordert dies eine tiefgehende Auseinandersetzung mit dem Ausgangstext.

In den Fächern Mathematik oder Informatik können gemeinsam Lösungswege gefunden werden durch kollaboratives Schreiben. Dabei kommt es weniger auf ästhetische Aspekte als auf die Diskussion von Lösungsansätzen zur Findung eines gemeinsamen Weges an. Werden Formeln verwendet, kann gemeinsam in Dokumenten in LaTeX gearbeitet werden. Es gibt z. B. Onlineeditoren, die ein kollaboratives Arbeiten in LaTeX-Dokumenten ermöglichen.

3.3.2 Digitales Storytelling

Kollaboratives Schreiben kann in Form eines digitalen Storytellings organisiert werden. Es gibt viele Richtungen und methodische Ansätze des Storytellings. Bei Storytelling kann es darum gehen, bestimmte Fakten und komplexe Sachverhalte in Form einer Geschichte darzustellen, um sie anschaulicher und verständlicher zu machen. Daher kann es in allen Fächern umgesetzt werden.

In dem Fach Deutsch und im Fremdsprachenunterricht kann Storytelling eingesetzt werden, um gemeinsam Geschichten zu verfassen. Es kann so gestaltet werden, dass nicht alle gemeinsam an einer Geschichte schreiben, sondern dass ein Hauptstrang vorgegeben gibt, zu dem jede Gruppe nach ihren Vorstellungen einen Nebenstrang erstellt. Gemeinsam an einer Geschichte geschrieben werden kann, indem ein Geschichtsbeginn vorgegeben wird, zu dem gemeinsam eine Geschichte entwickelt wird. Wem etwas zum Fortgang der Handlung einfällt, der fügt seine Idee hinzu. Gemeinsam wird dann die Version überarbeitet, damit ein einheitlicher Erzählstil entsteht.

In allen anderen Fächern kann Storytelling als Methode angewendet werden, um Abstraktes verständlicher zu machen. In Geschichten kann man Zusammenhänge deutlich machen. Fakten werden in einen Kontext eingebettet, was die Vorstellungskraft anregt und erweitert. Da Geschichten emotional ansprechen, fällt es leichter, die Aufmerksamkeit auf inhaltliche Aspekte zu lenken und zu erhalten. Hier kann so vorgegangen werden, dass in kleinen Gruppen jeweils eine eigene Geschichte zu einem Thema verfasst wird. Dadurch entstehen mehrere Perspektiven und damit unterschiedliche Zugänge zu abstrakten Themen. Die Versionen bzw. Schwerpunktsetzungen werden im Anschluss an das Erstellen miteinander verglichen. Eine weitere Möglichkeit besteht darin, dass arbeitsteilig Geschichten zu jeweils anderen Unterthemen entstehen.

Es gibt viele unterschiedliche Anwendungen, die für digitales Storytelling geeignet sind, z. B.:

- *Blog:* Ein gemeinsames Blog kann verwendet werden, um die Geschichte zu entwickeln und zu verfassen. Arbeiten alle gemeinsam am Fortgang der Handlung, kann im Blogpost der Geschichtsanfang vorgegeben werden und die Weiterentwicklung über die Kommentarfunktion hinzugefügt werden. Sowohl Post als auch Kommentare lassen sich, wenn man die Rechte eines Administrators oder Redakteurs hat, bearbeiten, falls Änderungen vorgenommen werden sollen. Schreibt jede Gruppe einen eigenen Nebenstrang, kann dieser jeweils in einem neuen Blogartikel gepostet werden. So kann auch vorgegangen werden, wenn jede Gruppe ihre eigene Geschichte erzählt.
- *Etherpad:* Ein Etherpad kann genutzt werden, wenn alle linear an dem Verfassen eines gemeinsamen Textes arbeiten bzw. jede Gruppe in ihrem Bereich linear schreibt.
- *Microblogging-Dienst:* Ein Mikroblogging-Dienst ermöglicht das Posten von Kurztexten. Dies kann genutzt werden, wenn der Fortgang der Geschichte gemeinsam

gestaltet werden soll. Der Geschichtsanfang wird gepostet und alle können in Form von Kurztexten Etappen des Handlungsfortgangs hinzufügen.

- *Website:* Handelt es sich z. B. im Deutsch- oder Fremdsprachenunterricht um ein aufwendigeres Schreibprojekt, erhält dies Wertschätzung, indem man dafür eine eigene Website erstellt. Es gibt Anwendungen, mit denen sich kostenlos schnell und einfach Websites erstellen lassen. Der Vorteil dieser Darstellungsform ist, dass die Schüler*innen die Präsentation der Geschichten durch Wahl eines passenden Templates oder durch sich verändernde Hintergründe und das Hinzufügen von Bildern ansprechend gestalten können.
- *Spezielle Storytelling-Anwendungen:* Die Schüler*innen können spezielle Storytelling-Anwendungen nutzen. Diese erlauben in der Regel das Einbinden von multimedialen Elementen, sodass man die Geschichte illustrieren und mit Musik hinterlegen kann.

3.3.3 Chatstories

Chats sind eine beliebte Kommunikationsform. Lerninhalte können durch kollaboratives Schreiben in Dialogform aufbereitet werden. Gechattet werden kann, um in Gruppendiskussionen ein Thema/eine Problemstellung zu bearbeiten. In dem Chat können die Schüler*innen jedoch auch fiktive Personen interagieren lassen. Verwendbar ist dies z. B., um literarische Figuren, historische oder biblische Personen, Philosoph*innen, Wissenschaftler*innen, Künstler*innen oder Sportler*innen miteinander fiktiv kommunizieren zu lassen. Ein Chat soll nicht das Unterrichtsgespräch ersetzen, sondern soll in der Form einer Chatstory eine Dokumentation von Lerninhalten ermöglichen. Da Chatten assoziatives Denken anregt, verleiht die Chatform den Arbeitsprozessen Spontaneität und fördert Kreativität. An der Chatstory kann die gesamte Lerngruppe mitarbeiten. Je nach didaktischer Intention kann der Chat auch in Kleingruppen oder in Partner*innenarbeit erstellt werden.

Es gibt Anwendungen, die kollaborativ genutzt werden können, um eine Geschichte in Chatform zu erstellen. Die Schüler*innen können auch Messenger verwenden, wobei in diesem Fall datenschutzrechtliche Vorgaben und Altersbeschränkungen eingehalten werden müssen. Der Chatverlauf kann als Chat-Protokoll gespeichert, exportiert und archiviert werden. Chatstories bieten sich z. B. an:

- für einen Chat nach Rollenkarten zu einem gesellschaftlichen Thema in den Fächern Ethik, Religion, Sozialkunde, Geschichte sowie im Deutsch- und Fremdsprachenunterricht
- für einen Chat zu einer Leerstelle in einem literarischen Text im Deutsch- und Fremdsprachenunterricht
- zur Simulation von Alltagskommunikation im Fremdsprachenunterricht
- für einen Chat unter Reformatoren im Religionsunterricht
- zur Planung einer Umweltschutzaktion im Erdkundeunterricht

- für einen Chat über mathematische Probleme im Mathematikunterricht
- für einen Chat über gesunde Pausensnacks im Sach- oder Biologieunterricht
- zur Simulation im Geschichtsunterricht, wie man in einer bestimmten historischen Epoche gechattet hätte
- für einen Chat zwischen Personen eines Gemäldes im Fach Bildende Kunst
- zum Austausch von Trainingstipps im Sportunterricht

Im Informatikunterricht kann ein Messenger programmiert oder eine frei lizenzierte Open-Source-Lösung installiert werden.

3.4 Social Reading

Lesen ist oft ein einsamer Prozess. Dabei bleiben die Leser*innen mit ihren Leseerfahrungen und eventuell bei der Lektüre auftretenden Fragen alleine. Kollaborative Anwendungen ermöglichen ein Social Reading, was Lesen zu einem gemeinsamen Erlebnis werden lässt. Viele Texte liegen in elektronischer Form vor und sind so lizenziert, dass man sie den Schüler*innen digital zur Verfügung stellen darf. Es gibt mehrere Möglichkeiten, Social Reading zu organisieren:
- *Kollaborative Textverarbeitungsanwendungen mit Work Chat:* Nutzen die Schüler*innen kollaborative Anwendungen mit Work Chat, können Leseerfahrungen mit anderen geteilt werden. Sie können Textpassagen farbig markieren, unterstreichen oder mit anderen diskutieren, indem sie die entsprechende Passage markieren und im Work Chat einen Kommentar hinzufügen. Auf diesen Kommentar können andere wiederum reagieren. Im Work Chat können auch Fragen zu Textpassagen gestellt werden. Andere können ihre Ideen zu der Frage erläutern oder Hilfen geben bzw. Zusatzinformationen hinzufügen, z. B. durch Angabe eines Links zu den gewünschten Informationen. Dies kann einen Leseabbruch aus Frust aufgrund von Verstehenshürden verhindern und zum Lesen motivieren, da Lesen ein gemeinschaftliches Erlebnis wird.
- *Blog:* Nutzen die Schüler*innen ein Blog, kann die Lektüre eines Textes z. B. sukzessiv erfolgen. Dabei werden Textpassagen gebloggt. Über die Kommentarfunktion können die Schüler*innen bestimmte Aspekte analysieren sowie kommentieren. Durch die Kommunikation bzw. Interaktion entsteht – bei literarischen Texten auch unter rezeptionsästhetischen Gesichtspunkten – vernetztes Lesen. Die Lehrperson kann gemeinsam mit den Schüler*innen überlegen, ob man das Blog öffentlich sichtbar oder mit Passwortschutz nur der Lerngruppe zugänglich macht. Öffentliche Sichtbarkeit kann motivieren, da die eigenen Ideen und Meinungen auch über den Unterricht hinaus wahrgenommen werden und evtl. auch eine Beteiligung an der Diskussion über die Lerngruppe hinaus stattfindet, was Unterricht öffnet. Für eine Zugangseinschränkung spricht, dass sich Schüler*innen in einem geschützten Raum evtl. freier fühlen, ihre Ideen und Meinungen zu äußern. Beide Vorgehens-

weisen haben Vorteile und es muss je nach Lerngruppe und auch je nach datenschutzrechtlichen Vorgaben entschieden werden, für welche Blogeinstellung man
sich entscheidet.

3.5 Auditive Umsetzung

Bei einer auditiven Umsetzung werden Lerninhalte in gesprochener Form ausgestal-
tet. Neben einer Erweiterung der Sachkompetenz findet Sprachförderung statt. Dabei
wird aktiv eine entsprechende Mediensprache erworben. Es gibt unterschiedliche
auditive Ausdrucksformen, um ein Thema aufzubereiten. Je nach Struktur der Lerninhalte und didaktischer Intention wählen die Schüler*innen eine adäquate Darstellungsform.

3.5.1 Audioguide

Audioguides bestehen aus Tonaufnahmen, die auf mobilen Geräten individuell abgespielt werden, um Informationen zu einem Ort zu erhalten. Die Schüler*innen
können gemeinsam Audioguides erstellen. Dies bietet sich an für Orte, die mit den zu
erarbeitenden Lerninhalten verknüpft sind. Die Schüler*innen wählen demnach einen
realen oder fiktiven bzw. abstrakten Ort, entwerfen gemeinsam ein Konzept, legen
Teilstationen fest, recherchieren arbeitsteilig oder gemeinsam zu den jeweiligen Teilstationen, bereiten die Informationen für eine Führung durch den Ort auf und
sprechen diese in eine entsprechende Anwendung ein. Die Audioguides können, mit
entsprechender Genehmigung (Recht an der eigenen Stimme), im Netz anderen zur
Verfügung gestellt werden. Bei den Orten kann es sich z. B. um lokale Sehenswürdig-
keiten handeln. Auch historische, biblische oder literarische Orte können durch einen
Audioguide erlebbar gemacht werden. Ebenso können Orte von geographischem,
künstlerischem oder naturwissenschaftlichem Interesse gewählt werden. Audioguides
können zu realem Einsatz kommen. Es ist z. B. oft möglich, mit lokalen Museen zu-
sammenzuarbeiten und für die Ausstellung eine Audio-Führung zu entwerfen, die
dann tatsächlich den Besucher*innen angeboten wird. Werden Audioguides erstellt
für Orte, die z. B. aufgrund der zu großen Entfernung oder der zu hohen Reisekosten
nicht von den Schüler*innen besucht werden können, können zu der Führung Fotos
der Teilstationen hinzugefügt werden. Es gibt Anwendungen für Audioproduktionen,
die ein Hinzufügen von Bildern zu Tonsequenzen ermöglichen. So können die Schüler*innen virtuell einen Lernort erkunden.

3.5.2 Hörspiel

Hörspiele sind auditive Inszenierungen, die im Team erstellt werden. Lerninhalte können kollaborativ kreativ aufbereitet werden. Die daraus entstandene Geschichte kann danach vertont werden. Die Umsetzung von Lerninhalten in ein Hörspiel ist in jedem Fach möglich. Zum Beispiel kann ein Hörspiel erstellt werden:

- zu dem Inhalt von Sach- oder literarischen Texten
- zur Entdeckung eines chemischen Elementes
- zu einem physikalischen Phänomen
- zu biologischen Themen wie Umweltfaktoren oder Evolutionstheorien
- zu einem mathematischen Sachverhalt wie der Satzgruppe des Pythagoras
- zu einem informatischen Sachverhalt wie Kryptologie
- zu sportmedizinischen Aspekten
- zu einem Kunstwerk oder Musikstück
- zu einer realen bekannten Persönlichkeit oder zu einer fiktiven Figur
- zu historischen Ereignissen

Konkret kann das z. B. folgendermaßen umgesetzt werden:
- fiktive Gerichtsverhandlung zu einem ethischen Thema oder Konflikt in einem literarischen Text in den Fächern Ethik, Religion, Geschichte, Deutsch und Fremdsprachen
- fiktive Paartherapiesitzung zu einem Beziehungskonflikt in einem literarischen Text
- Simulation einer Wegbeschreibung aus dem Navigationsgerät im Deutsch- und Fremdsprachenunterricht
- historische Geschichte über Intrigen an einem Königshof im Fach Geschichte
- Kriminalgeschichte zum Diebstahl einer wichtigen Formel in den Fächern Chemie oder Physik
- fiktive Liebesgeschichte oder fiktives Beziehungsdrama zwischen chemischen Elementen im Fach Chemie
- fiktive Gespräche unter verschiedenen Mülltonnen, was sie alles vertragen oder auch nicht, im Sachunterricht oder im Fach Biologie
- fiktive Unterhaltungen unter Tieren auf der Arche Noah zu ihrem Lebensraum im Sachunterricht oder im Fach Biologie
- fiktiver Arztbesuch für eine sportmedizinische Untersuchung im Fach Sport
- fiktive Unterhaltung zwischen Porträtfiguren im Fach Bildende Kunst
- Science-Fiction-Story einer Weltraummission zur Suche nach einer mathematischen Formel, die bestimmte Berechnungen ermöglicht
- Umsetzung von Programmmusik in ein Hörspiel im Fach Musik
- Vertonung selbst verfasster Gedichte im Deutsch- und Fremdsprachenunterricht

Die kreative Auseinandersetzung mit den Lerninhalten erfordert eine tiefgehende Auseinandersetzung mit den relevanten Aspekten. Die Vertonung durch verbale, paraverbale und nonverbale Elemente fördert nachhaltiges Lernen, da die Informationsaufbereitung und -vermittlung über mehrere Ebenen verläuft.

3.5.3 Musikalische Umsetzung von Lerninhalten

Nicht nur im Musikunterricht können Lerninhalte musikalisch umgesetzt werden. Durch das Komponieren einer Melodie werden die Lerninhalte auch unter affektiven Aspekten reflektiert. Es gibt Apps, die ein digitales Produktionsstudio im Smartphone oder Tablet bieten. Die Schüler*innen können den eigenen Gesang aufnehmen und mit den in der App auswählbaren Instrumenten die Begleitung einspielen. Es gibt auch Apps, bei denen man nur den eigenen Gesang aufnehmen muss und dann automatisch virtuelle Instrumente hinzugefügt werden, die den Gesang passend begleiten. Es sind auch je nach Umsetzungsintention reine Instrumentalversionen möglich. Folgende Umsetzungen sind z. B. denkbar:

- Aufbereitung von Lerninhalten z. B. in Form eines Raps oder Musicals, in allen Fächern möglich
- musikalische Umsetzung von Eindrücken zu einem Gemälde in den Fächern Bildende Kunst oder Musik in Anlehnung an das Werk *Bilder einer Ausstellung* von Modest Mussorgsky
- Vertonung eines Gedichts im Fach Deutsch oder im Fremdsprachenunterricht
- Lernlieder zu Orthographie- oder Grammatikregeln im Fremdsprachenunterricht
- Fan-Gesänge für die Schulmannschaften im Fach Sport
- Umsetzung von Gebeten in Kirchenlieder oder Vertonung in anderen Musikrichtungen im Fach Religion
- Umsetzung von Musikstücken in andere Musikepochen im Fach Musik
- Vertonung von z. B. Rechenregeln oder Gleichungen im Fach Mathematik, z. B. Mathe-Raps, wie man sie auf Videoplattformen findet, oder Kantaten wie die *Hauptsatzkantate* von Friedrich Wille

Interessant für den Unterricht sind auch appgesteuerte Musikmaschinen, die Befehle zur Klangerzeugung als MIDI-Information speichern und physikalische Objekte zu Klangkörpern machen, was vor allem in den Fächern Musik, Physik und Informatik sowie im Sachunterricht einsetzbar ist. Hier kann Musik gemeinsam produziert und erforscht werden.

3.5.4 Podcast

Ein Thema kann gemeinsam in Podcast-Episoden umgesetzt werden. Um alle an dem Projekt zu beteiligen, kann die Form des Audio-Features gewählt werden. Dieses ist aufgebaut wie Radiobeiträge und kann aus mehreren Bestandteilen bestehen wie:

- Diskussion
- Interview
- Liveschaltung
- Kommentar
- Moderation
- Werbung

Es bieten sich folgende thematische Gestaltungen an:
- Nachrichten z. B. im Deutsch- oder Fremdsprachenunterricht, wobei arbeitsteilig unterschiedliche Themen bearbeitet werden können und der Podcast anschließend zur Schulung des Hörverstehens eingesetzt werden kann
- fiktive Reportagen aus bestimmten Orten/Gebieten/Ländern
- Diskussionen oder Kommentare zu z. B. historischen, politischen, naturwissenschaftlichen, ethischen oder allgemein aktuellen Themen
- fiktive Meinungen und Analysen zu Sportereignissen bzw. Regeldiskussionen
- fiktive Interviews mit bekannten Persönlichkeiten (Autor*innen, Komponist*innen, Politiker*innen, Wissenschaftler*innen etc.)

Konkret kann das z. B. folgendermaßen umgesetzt werden:
- zu einem gesellschaftlichen Thema die Sichtweise verschiedener Philosoph*innen in einer fiktiven Diskussionsrunde präsentieren im Fach Ethik
- zu Umweltproblemen wie Wüstenbildung fiktive Außenreportagen zu verschiedenen Orten, die dieses Phänomen aufweisen, im Fach Erdkunde erstellen
- fiktive Interviews mit Autor*innen oder Figuren literarischer Texte durchführen im Deutsch- und Fremdsprachenunterricht
- Diskussion über den Sprachwandel führen im Deutschunterricht
- eine fiktive Vorstellungsrunde chemischer Elemente gestalten im Chemieunterricht
- zu mathematischen Berechnungen wie der Satzgruppe des Pythagoras ein fiktives Interview mit dem Mathematiker zur Entdeckung der Sachverhalte durchführen im Mathematikunterricht
- in einer Zeitreise fiktiv Menschen von ihrem Alltag berichten lassen im Fach Geschichte
- fiktive Außenreportagen zu historischen Schauplätzen erstellen im Fach Geschichte
- eine fiktive Diskussion unter Wirtschaftsexpert*innen zu Themen wie der Arbeitswelt führen im Fach Sozialkunde
- ein fiktives Interview mit Künstler*innen zu ihrem Leben und Schaffen führen im Musik- und Kunstunterricht
- fiktive Interviews mit Physiker*innen zu deren Erforschung von Zusammenhängen wie im Ohmschen Gesetz führen im Physikunterricht
- zu einer Spielsituation eines Sportereignisses eine fiktive Diskussionsrunde durchführen im Fach Sport

3.6 Filmische Umsetzung

Lerninhalte können gemeinsam oder in Gruppenarbeit filmisch umgesetzt werden. Dabei können je nach Struktur der Lerninhalte und je nach Ideen in der Lerngruppe unterschiedliche Filmtechniken gewählt werden (s. Kap. 2.1.4). Die Schüler*innen können entscheiden, ob sie die Inhalte in Form eines Erklär- oder Lernvideos, eines Erzählfilms, in Form von Stop Motion oder mithilfe der Greenscreen-Technik darstellen wollen. Bei der filmischen Umsetzung können sie arbeitsteilig vorgehen. Es können z. B. Filme erstellt werden zur Wiederholung der Lerninhalte eines Schuljahrs. Jede Gruppe übernimmt in diesem Fall eine Unterrichtseinheit. Es können auch Aspekte zu einem Thema arbeitsteilig filmisch aufbereitet werden. Die Filme können in der Methode Lernen durch Lehren eingesetzt werden. Sie können jedoch auch zur eigenständigen Betrachtung ohne Begleitaktivitäten mit allen geteilt werden. In diesem Fall findet eine gemeinsame Evaluationsphase statt.

Erklär- und Lernvideos können in jedem Fach zu jedem Thema eingesetzt werden, da jeder Lerninhalt in sachlichem Stil erklärt werden kann.

Viele Videobearbeitungsapps bieten Features zum Erstellen von Trailern. Trailer bieten sich an, wenn man schnell einen Überblick über Themen geben möchte. Die Trailer können kreativ gestaltet sein, sodass die Präsentation Spannung und Neugier für das Thema aufbaut. Dies eignet sich z. B.

- zum Erstellen eines kurzen Überblicks über die behandelten Themen vor einer Abschlussprüfung; dies ist in allen Fächern möglich; es kann arbeitsteilig vorgegangen werden, indem jede Gruppe einen Themenbereich bzw. ein Themenfeld übernimmt
- zur Einführung in ein Bewegungsfeld im Sportunterricht
- für einen Überblick über Epochen in den Fächern Musik und Bildende Kunst
- für ein Kurzportrait eines Landes oder einer Stadt im Fremdsprachenunterricht
- für eine Inhaltszusammenfassung eines literarischen Textes im Deutsch- und Fremdsprachenunterricht
- als Kurzpräsentation der Eigenschaften von Zahlen im Fach Mathematik
- zur Darstellung physikalischer Gesetze im Fach Physik
- zur Darstellung biologischer Prozesse im Fach Biologie
- zur Darstellung chemischer Reaktionen im Fach Chemie
- zur Darstellung von Naturphänomenen im Erdkundeunterricht
- zur Einführung in historische Zeitabschnitte im Fach Geschichte
- für eine Inhaltszusammenfassung von Legenden im Fach Religion

QR 7:
Überblick über die Themen eines
Lehrwerks als Erinnerungshilfe für
Wiederholungsaktivitäten

Erzählfilme und Stop Motion ermöglichen eine kreative Aufarbeitung der Lerninhalte. Auch dies lässt sich in allen Fächern umsetzen. Mögliche Themen könnten sein:
- eigene Geschichten im Fach Deutsch
- Vorgangsbeschreibung im Fach Deutsch
- Handlung eines literarischen oder Lektionstextes im Deutsch- und Fremdsprachenunterricht
- historische Ereignisse im Geschichts- und Fremdsprachenunterricht
- Vätererzählungen im Fach Religion
- Größen im Fach Mathematik
- Klima im Fach Erdkunde
- fossile Brennstoffe im Fach Chemie
- Wirkungen des elektrischen Stroms im Fach Physik
- Jugendgruppen im Fach Sozialkunde
- Musikmärchen im Fach Musik in Anlehnung an *Peter und der Wolf* von Sergej Prokofjew
- Sport und Gesundheit im Fach Sport
- Pflanzen im Sachunterricht

Im Fach Bildende Kunst können Erzählfilme oder Stop Motion als eigene Kunstform erstellt werden.

QR 8:
Beispiele eines G-Kurses der
Jahrgangsstufe 12 für filmische
Umsetzungen von Phänomenen
einer Diktatur

Auch Greenscreen ermöglicht eine kreative Aufbereitung von Inhalten. Unter Greenscreen versteht man eine Technik, bei der Personen vor einem grünen Hintergrund aufgenommen werden. Dieser wird nachträglich durch einen anderen Hintergrund ersetzt. Für den grünen Hintergrund gibt es kostengünstige und einfache Möglichkeiten. Man kann z. B. eine grüne Wand, ein grünes Bettlaken oder einen grünen Duschvorhang nutzen. Es gibt Apps, mit denen die Schüler*innen Hintergrundbilder hochladen und dann eine Videoaufnahme darüberlegen können. Es ist auch möglich, mehrere Ebenen zu überlappen, also z. B. eine Straße, dann ein Auto, dann eine Person, die in dem Auto sitzt. Ebenso kann der Effekt Picture in Picture gewählt werden, bei dem ein Video ein anderes überlappt. So können sich die Schüler*innen z. B. beamen
- an historische Orte,
- an biblische Orte,
- an Orte von geographischem Interesse,
- an Orte eines literarischen Textes,

- in ein Labor oder Forschungszentrum,
- ins Weltall,
- in ein Künstler*innenatelier,
- in ein Museum,
- in eine Musikstätte,
- in eine geometrische Form,
- an Sportstätten,
- in ein Nachrichtenstudio oder an einen anderen Ort für eine aktuelle Berichterstattung.

In diesen Umgebungen können z. B. fiktive Reportagen, fiktive Werbung, Bewerbungsvideos oder szenische Darstellungen aufgenommen werden.

Als besondere Form des Erzählfilms kann ein Kamishibai digital gestaltet werden. Unter Kamishibai versteht man ein Erzähltheater. Zu wechselnden Bildern wird frei erzählt oder eine Geschichte vorgelesen. Es kann zur Vermittlung von Informationen in allen Fächern genutzt werden. Es gibt Anwendungen, die eine Bühnengestaltung sowie das Einsetzen bewegbarer Figuren ermöglichen. Digital besteht der Vorteil darin, dass sich die Vorstellung aufzeichnen und damit archivieren lässt. Dadurch erfährt das Gemeinschaftswerk Wertschätzung. Darüber hinaus lassen sich die Bildwechsel digital einfach gestalten. Zur Gestaltung eines Kamishibais sind viele Aktivitäten nötig, sodass alle ihre Talente einbringen können. Die Schüler*innen können den Hintergrund und die Figuren zeichnen, sie bereiten die Lerninhalte in Erzählform auf oder verfassen eine eigene Geschichte zu einem Thema und sie tragen ihre Erzählung zu den Bildern vor. Darüber hinaus können sie Musik zu der Erzählung komponieren, produzieren und der Aufführung hinzufügen. Im Kamishibai können z. B. dargestellt werden:
- eigene Geschichten im Deutschunterricht
- Biografie einer Autorin oder eines Autors als Erzählung im Deutschunterricht
- Umsetzung von Lektionstexten in Erzählungen im Fremdsprachenunterricht
- historische Zahlensysteme im Fach Mathematik
- globale Aspekte der Nachhaltigkeit im Fach Biologie
- Eigenschaften von Wasser im Fach Chemie
- die Entdeckung der Radioaktivität im Fach Physik
- Entstehung von Jahreszeiten im Fach Erdkunde
- Menschen in der Steinzeit im Fach Geschichte
- Datenschutz im Fach Sozialkunde
- Leben und Werk von Philosoph*innen im Fach Ethik/Philosophie
- Prophet*innen im Fach Religion
- eigene Kunstform im Fach Bildende Kunst (Herstellung von Bildfolgen, visuelle Kommunikation etc.)
- Singspiel im Fach Musik

Vielseitig verwendbar sind auch Clips. Unter Clips versteht man kurze Videos. Es gibt spezielle Anwendungen zum Erstellen von Clips. Die Schüler*innen können die Clips als Folge von Plakaten oder als Videoaufnahme erstellen. Sie können einen Hintergrund wählen, zu dem z. B. Text, Ton, Emojis, Sticker oder Symbole hinzugefügt werden. Die einzelnen Elemente können animiert werden, wodurch wichtige Aspekte akzentuiert werden können. Dadurch eignen sich Clips, um in kompakter Form Lerninhalte zu visualisieren.

Im Fremdsprachenunterricht können z. B. grammatische Strukturen in Clips erklärt werden. Arbeitsteilig kann jede Gruppe einen Clip zu einem grammatischen Aspekt erstellen. Dies bietet sich z. B. an nach Durchnahme eines Lehrwerkbands als Wiederholung und zur schnellen Übersicht über die bisher erworbenen Strukturen. Man kann aber auch eine Lektion in Bezug auf grammatische Aspekte vorentlasten, indem die Schüler*innen selbstständig sich die Strukturen erarbeiten. Weitere Nutzungsmöglichkeiten sind z. B.:

- audiovisuelle Umsetzung von Gedichten im Deutschunterricht
- Darstellung von Brüchen im Mathematikunterricht
- Insekten in ihrem Lebensraum im Fach Biologie
- Übertragung des Teilchenmodells auf reale Sachverhalte im Fach Chemie
- Kreisbewegungen im Fach Physik
- Fair Trade im Fach Erdkunde
- Industrialisierung im Fach Geschichte
- Formen politischer Beteiligung im Fach Sozialkunde
- Fläche als grafisches Element im Fach Bildende Kunst
- Stellung von Komponist*innen in der Gesellschaft im Fach Musik
- Spielregeln im Fach Sport
- Grundbegriffe der Chiffrierung im Fach Informatik
- Reformation im Fach Religion
- Klassengemeinschaft im Fach Ethik
- gesunde Ernährung im Sachunterricht

3.7 Audiovisuelle Umsetzung in Vlogs

Unter einem Vlog versteht man eine Art audiovisuelles Tagebuch. Im Videoformat gibt man in mehr oder weniger regelmäßigen Abständen Einblicke in sein Leben oder in Themen, die persönlich interessieren. Dabei kann die berichtende Person im Video zu sehen sein. Man kann jedoch auch nur das filmen, worüber man spricht. Gefilmt werden kann mit der nativen Kamera-App eines Smartphones oder Tablets. Veröffentlicht werden die Videos in der Regel auf Videoportalen. Nutzen die Schüler*innen diese Art der Themenaufbereitung im Unterricht, kann die Lehrperson bei entsprechender Einverständniserklärung der Erziehungsberechtigten die Ergebnisse ebenfalls auf einem der bekannten Videoportale veröffentlichen, damit sie allen zugänglich sind. Es gibt für Videoplattformen jedoch auch frei lizenzierte Open-Source-Software, die die Lehrperson auf dem Schulserver hosten lassen kann. Dadurch bleibt bei entsprechender Einstellung und Vorgehensweise die Privatsphäre der Nutzer*innen gewahrt. Eine weitere Möglichkeit besteht darin, die Videos nur einer eingeschränkten Gruppe im digitalen Lernmanagementsystem zur Verfügung zu stellen. Schüler*innen nutzen gerne das Story Feature in sozialen Netzwerken für ihre Darstellungen. Diese Stories sind jedoch nur für eine begrenzte Zeit sichtbar, was für Unterrichtszwecke eher ungünstig ist.

Interessant sein können Vlogs z. B. als tägliche Berichte von einer Lehrfahrt. Dadurch können z. B. Freundinnen und Freunde sowie Erziehungsberechtigte mitverfolgen, was die Schüler*innen erleben. Schüler*innen der Folgejahrgänge können bei ähnlichen Lehrfahrten einen Einblick in das Programm gewinnen. Das Vlog kann auch eine Erinnerung für die Teilnehmer*innen an die Lehrfahrt sein.

In Form eines Vlogs kann regelmäßig aus dem Unterricht berichtet werden. So können in den Fächern Chemie und Physik Versuche im Vlog-Format aufgezeichnet werden.

Im Biologie-, Erdkunde- oder Sachunterricht können Experimente gefilmt werden.

Im Fach Sport können neu eingeführte Bewegungsabläufe aufgenommen werden. Fokussiert man den relevanten Teil des Bewegungsapparates statt der ganzen Person, ist nicht erkennbar, wer diese Bewegung ausführt.

Im Fach Musik kann mitgeschnitten werden, wenn gemeinsam mit Instrumenten musiziert wird. Auch hier kann der Fokus auf den Instrumenten liegen beim Filmen, sodass keine Personen erkennbar sind.

Mithilfe der Greenscreen-Technik kann aus dem Fremdsprachenunterricht virtuell von den Orten aus berichtet werden, an denen sich die Klasse im Lehrwerk gerade befindet. Sollen keine Schüler*innen in dem Video zu sehen sein, können die Schüler*innen Spielfiguren berichten lassen oder sie fertigen im Unterricht selbst eine landestypische Figur an, die durch die virtuelle Reise begleitet. Vor einem grünen Hintergrund werden die Berichte aufgezeichnet. Nachträglich wird der grüne Hintergrund durch ein Bild des gewünschten Ortes ersetzt.

Im Deutsch- oder Fremdsprachenunterricht können die Schüler*innen literarische Figuren ein Vlog erstellen und fiktiv aus ihrem Leben berichten lassen. Auch hier kann die Greenscreen-Technik interessant sein.

Im Fach Bildende Kunst kann ein Vlog genutzt werden zur Dokumentation der Arbeit an Projekten.

Im Fach Mathematik können Grundbegriffe der Mathematik in einem Vlog audiovisuell präsentiert zusammengetragen werden.

In den Fächern Sozialkunde, Religion und Ethik können in Form eines Vlogs eigene Gedanken zu aktuellen gesellschaftlichen Themen festgehalten werden.

Die Lerngruppe kann ein Vlog als Format nutzen, das begleitend im gesamten Schuljahr verwendet wird. Ein Vlog kann jedoch auch auf eine thematische Einheit begrenzt werden.

3.8 Plastische Umsetzung in 3D-Druck

Mit den Möglichkeiten des 3D-Drucks können gemeinsame Projekte gestaltet werden. Als Vorlage müssen Vektorgrafiken erstellt bzw. 3D-Objekte modelliert werden. Die Schüler*innen können auch verfügbare Vorlagen nutzen, jedoch ist der Lernprozess nachhaltiger, wenn diese Vorlagen selbst entwickelt werden. Zum Erstellen der Vorlagen gibt es neben allgemeiner auch fachspezifische Software. Je nach Größe und Komplexität des Objekts kann der Druck mehrere Stunden in Anspruch nehmen. In diesem Fall können die Schüler*innen die Objekte z. B. über Nacht drucken lassen. 3D-Druck lässt sich z. B. in folgenden gemeinsamen Projekten nutzen:

- Maskottchen, z. B. zum Schuljahresanfang in einer neu zusammengesetzten Lerngruppe als Stärkung des Gemeinschaftsgefühls
- Symbole eines Landes oder einer Stadt im Fremdsprachenunterricht für interkulturelles Lernen oder auch als Andenken am Ende eines Schuljahres, z. B. in Form eines Schlüsselanhängers
- Symbole aus einem literarischen Text im Deutsch- oder Fremdsprachenunterricht
- Symbole aus einem biblischen Text im Religionsunterricht
- Moleküle im Chemieunterricht
- mathematische Modelle oder Analogie-Versuche/Versuchsaufbauten im Physikunterricht
- geometrische Figuren/topologische Objekte im Mathematikunterricht
- Geländemodelle im Erdkundeunterricht
- historische Objekte im Geschichtsunterricht
- gemeinsames Gestalten einer Stadt im Sozialkundeunterricht
- Instrumente im Musikunterricht
- Plastiken oder Architekturmodelle im Fach Bildende Kunst
- Erstellen einer Vektorgrafik im Informatikunterricht

3.9 Visualisierung von Lerninhalten durch animierte Bilder

3.9.1 Masken- und Filterapps

Es gibt Apps, mit denen man Fotos oder Videos aufnehmen und durch Verwendung von Masken und Filtern bearbeiten kann. Masken und Filter können z. B. auf Gesichter angewendet werden. Die Gesichter der agierenden Personen können bis zur Unkenntlichkeit verändert oder Gesichter mit Fotos von anderen Personen getauscht werden (Face Swap). Die Schüler*innen können Sticker und Emojis, eigenen Text, eigene Zeichnungen, automatisch erfasste Daten wie Wetter, Ort und Uhrzeit hinzufügen. Fotos können auch im Stil verändert werden. So kann ein Foto z. B. in eine Bleistiftzeichnung, ein Aquarell, ein Ölgemälde oder ein Cartoonbild verwandelt werden. Die Schüler*innen können auch Filter wählen, die Fotos in Gemälde unterschiedlicher Kunststile abändern. Fotos können im Retro-Style erscheinen. Farben können auch einzeln bearbeitet werden. Masken- und Filterapps bieten dadurch viele Möglichkeiten zur kreativen Aufarbeitung von Lerninhalten.

Im Deutsch- oder Fremdsprachenunterricht könnte man ein Casting für eine fiktive Verfilmung eines literarischen Textes durchführen. Dabei werden die Rollen an bekannte Schauspieler*innen vergeben. Durch Face Swap nimmt man das Gesicht der gewählten Schauspielerin bzw. des gewählten Schauspielers an und lässt diese sich zu Leerstellen in der Handlung äußern. Zur Anfertigung von Standbildern zu Schlüsselszenen können die Schüler*innen das eigene Gesicht verfremden , um nicht selbst in Erscheinung zu treten.

Im Kunstunterricht können die Schüler*innen Selbstporträts anfertigen nach bekannten Porträtgemälden. Eine andere Möglichkeit besteht darin, das Selfie so zu verändern, dass verschiedene Stilrichtungen und Kunstepochen abgebildet werden.

Im Erdkundeunterricht können die Möglichkeiten genutzt werden, um einen Naturraum oder stadtgeographische Aspekte zu dokumentieren. Dem Foto können z. B. der Ort, die Temperatur sowie weitere Angaben zum Wetter, das Datum, die Uhrzeit, Emojis zur Angabe von Merkmalen des Ortes und eigener Text hinzugefügt werden.

Im Physik- oder Chemieunterricht können Versuche dokumentiert werden. In Textform können Angaben zum Versuch gemacht werden. Durch Hinzufügen von Stickern oder Emojis können die Schüler*innen beobachtete Phänomene visualisieren.

Im Ethikunterricht können die Schüler*innen durch Face Swap das Gesicht bekannter Philosoph*innen auswählen und diese aus ihrer Weltansicht heraus aktuelle Themen diskutieren lassen.

Weitere Möglichkeiten sind z. B.

- Standbilder zu Gleichnissen im Religionsunterricht
- fiktive Reden historischer Personen im Geschichtsunterricht
- Vorstellung durch Vertreter*innen der Justiz der jeweiligen Aufgabenbereiche im Fach Sozialkunde
- Fitness-Tipps von bekannten Sportler*innen im Sportunterricht
- fiktive Berichte von Chemiker*innen aus ihrem Labor
- Dokumentation über Sporenpflanzen im Fach Biologie mit Angaben und Hervorhebungen zu den Lebensräumen und -weisen
- Gestaltung von Covern eines Albums im Fach Musik
- Erstellen eigener Filter und Linsen im Fach Informatik

Abb. 2: Dokumentation interkultureller Aspekte am Beispiel der fahrerlosen Metro in Toulouse |
»VAL 206 Toulouse Ligne A.jpg«, Foto von Maurits90, unter CC0 1.0, via https://commons.wikimedia.org/
wiki/File:VAL_206_Toulouse_Ligne_A.jpg [14.01.2020] und »Ghost Clip Art«, Illustration shared by Ocal,
unter CC0 1.0 via http://www.clker.com/clipart-ghost-4.html [14.01.2020]

3.9.2 Sprechende Bilder

Es gibt Anwendungen, bei denen die Schüler*innen aus einer Galerie Bilder auswählen oder eigene Bilder hochladen und diese zum Sprechen bringen können. Dafür ziehen sie an einer gewünschten Stelle eine Linie, sprechen Text ein und aus der Linie wird ein sprechender Mund. Dies geht mit jedem Foto, unabhängig davon ob ein Mensch, ein Tier oder ein Objekt abgebildet ist. Es können zudem weitere Änderungen wie Farbgebung vorgenommen oder Sticker hinzugefügt werden. Auf diese Art können die Schüler*innen Lerninhalte spielerisch aufbereiten. Genutzt werden kann dies z. B.
- um Bauwerke sich vorstellen zu lassen,
- um Objekte ihre Entstehungsgeschichte oder ihre Eigenschaften präsentieren zu lassen,
- um reale oder hypothetische Ideen einer bekannten Persönlichkeit zu einem gesellschaftlichen Thema auszuarbeiten und zu präsentieren,
- um sich selbst vorzustellen als Kennenlernspiel durch Auswahl eines für die eigene Person charakteristischen Symbols, das zum Sprechen gebracht wird.

Konkret kann dies möglich sein
- um die Bewohner des Hauses der Vierecke sich präsentieren zu lassen im Fach Mathematik,
- um Bauwerke ihre Lebensgeschichte in der entsprechenden Zielsprache erzählen zu lassen im Fremdsprachenunterricht (Freiheitsstatue von New York, Eiffelturm in Paris, der Bär mit dem Erdbeerbaum in Madrid, der Schiefe Turm von Pisa, die sieben Weltwunder etc.),

- zur Gegenstandsbeschreibung aus der Ich-Perspektive im Deutschunterricht,
- um Säugetiere aus ihrem Leben berichten zu lassen im Biologieunterricht,
- um chemische Elemente sich vorstellen zu lassen im Fach Chemie,
- um im Fach Physik unterschiedliche Wärmekraftwerke sich vorstellen zu lassen,
- um die Alpen einen Einblick in die Auswirkungen touristischer Aktivitäten geben zu lassen im Fach Erdkunde,
- um im Fach Sozialkunde Institutionen der EU sich vorstellen zu lassen,
- um im Fach Bildende Kunst Porträts aus ihrem Leben berichten zu lassen,
- zur Präsentation von Instrumenten im Fach Musik,
- damit im Fach Religion religiöse Ursymbole ihre Bedeutsamkeit erläutern.

QR 9:
Beispiele für eine Kurzvorstellung
anhand von landestypischen
Objekten in Klassenstufe 5

3.10 Visualisierung von Lerninhalten durch Emojis

Emojis sind Pikto- oder Ideogramme, die Kommunikationsinhalte bildhaft bzw. symbolisch darstellen.

Im Primarbereich bietet sich die Verwendung von Emojis besonders an, wenn die Schriftsprache noch nicht erworben wurde. Die Schüler*innen können eigene Geschichten in Emojis verfassen und diese anschließend bildgestützt erzählen. Sie können umgekehrt gehörte Geschichten in Emojis darstellen. Auch Sachinformationen lassen sich in Emojis visualisieren. Eine Visualisierung von Lerninhalten durch Emojis ist z. B. möglich als

- Zusammenfassung eines literarischen Textes im Deutsch- oder Fremdsprachenunterricht,
- Darstellung eines Sprichwortes im Deutsch- oder Fremdsprachenunterricht,
- Vergleich der Bildhaftigkeit von Sprichwörtern in unterschiedlichen Sprachen für interkulturelles Lernen,
- Zusammenfassung z. B. von Königsgeschichten im Religionsunterricht,
- Auswahl im Mathematikunterricht einer geometrischen Form und Zuordnung eines Emojis, das einen Gegenstand darstellt, der diese Form aufweist,
- Visualisierung von Programmmusik im Musikunterricht,
- Darstellung von Stoffeigenschaften im Fach Chemie,
- Gestalten eines Text-Emoticons wie der Shruggie als Werk im Kunstunterricht,
- Visualisieren von Aspekten z. B. aus dem Themenbereich Bakterien im Biologieunterricht,

- Visualisieren von Merkmalen bestimmter historischer Zeitabschnitte im Fach Geschichte,
- Visualisieren von Arbeitsbedingungen an Arbeitsplätzen im Fach Sozialkunde,
- Programmieren mit Emojicode im Informatikunterricht.

Mit den Ergebnissen sollte nach Fertigstellung im Unterricht gearbeitet werden. Entweder interpretieren die Mitschüler*innen die Darstellungen oder die Schüler*innen versprachlichen selbst ihr Konzept.

QR 10:
Beispiel Sprichwörter im Deutsch- oder Fremdsprachenunterricht | »Stop 2 Clip Art«, Illustration shared by Ocal, unter CC0 1.0, via http://www.clker.com/clipart-7750.html [14.01.2020] und »Water Drop Clip Art«, Illustration shared by Ocal, unter CC0 1.0, via http://www.clker.com/clipart-10571.html [14.01.2020]

3.11 Visualisierung von Lerninhalten in Bildwörterbüchern

In unserer visuell geprägten Gesellschaft kommt der Arbeit mit Bildern als Vermittlungsform eine große Bedeutung zu. Redensarten wie »sich ein Bild von etwas machen können« oder »über etwas im Bilde sein« zeigen die Wirksamkeit von bildlich vermitteltem Wissen. Bei Bildwörterbüchern werden Begriffe als Einprägungshilfe visualisiert. Das Erstellen von digitalen Bildwörterbüchern kann in jedem Fach erfolgen.

In Form eines Bildwörterbuchs kann im Deutschunterricht der Primarstufe in die Buchstabenwelt eingeführt werden. Zu jedem Buchstaben suchen die Schüler*innen Gegenstände, die mit diesem Buchstaben beginnen. Diese werden fotografiert und die Abbildungen werden in das E-Book integriert. Es empfiehlt sich, pro Buchstaben eine Buchseite anzulegen. Der Buchstabe erscheint dabei in hoher Schriftgröße. Zu dem Buchstaben kann auch der Laut eingesprochen werden, um eine phonologische Bewusstheit aufzubauen. Da in der Regel nicht das komplette Alphabet gleichzeitig erlernt wird, sondern nach und nach einzelne Buchstaben eingeführt werden, wird das E-Book kontinuierlich erweitert. Alle arbeiten gemeinsam an einem Buchstaben. Die Fotos zu den Gegenständen, die mit einem bestimmten Buchstaben beginnen, werden als Collage zusammengestellt und der Buchseite des entsprechenden Buchstabens hinzugefügt. Wenn alle Buchstaben erlernt sind, steigert die Fertigstellung des Buches zudem das Selbstwertgefühl der Schüler*innen.

In ähnlicher Form kann das Bildwörterbuch auch im Fremdsprachenunterricht verwendet werden. Da das Alphabet den Lernenden bereits bekannt ist, kann arbeitsteilig vorgegangen werden. Jede*r Schüler*in ist für einen oder mehrere Buchstaben zuständig und erstellt dazu eine entsprechende bebilderte Buchseite. Im Fremdsprachenunterricht können auch thematische Bildwörterbücher entstehen. Zu themenspezifischem Wortschatz nehmen die Schüler*innen Bilder auf oder wählen frei lizenzierte Bilder aus und fügen die entsprechende Bezeichnung in Textform hinzu. Hier kann z. B. zum Wortschatz Klassenzimmer der gesamte Raum fotografiert werden und zu den einzelnen Objekten die Bezeichnung hinzugefügt werden. Die Schüler*innen können aber auch jeweils einzelne Gegenstände mit der entsprechenden Bezeichnung auf eine Seite bringen.

Im Mathematikunterricht der Primarstufe kann in die Welt der Zahlen mithilfe von Bildwörterbüchern eingeführt werden. Zu der Zahl wird z. B. die entsprechende Anzahl von Tieren angezeigt, was die Vorstellungskraft steigert. Ebenso kann z. B. zum Thema rechte Winkel ein Bildwörterbuch erstellt werden. Die Schüler*innen fotografieren Gegenstände mit einem rechten Winkel. In das Foto zeichnen sie den rechten Winkel ein. Die Ergebnisse werden in einem E-Book zusammengetragen.

In den Fächern Physik und Chemie können die Schüler*innen Gegenstände, die für Versuchsaufbauten häufig gebraucht werden, in einem Bildwörterbuch vorstellen, damit bei Versuchsbeschreibungen die entsprechende Terminologie zur Verfügung steht.

Im Fach Chemie können die Schüler*innen ein Bildwörterbuch zum Periodensystem erstellen. Zu der Angabe des Elementes können sie Bilder hinzufügen, die zeigen, wo dieses Element vorkommt.

Weitere Möglichkeiten sind:
- Wettergeschehen im Fach Erdkunde
- Tiere in ihrem Lebensraum im Fach Biologie
- Burgen im Mittelalter im Fach Geschichte
- politische Institutionen im Fach Sozialkunde
- Architektur und Religion im Fach Religion
- Architektur im Fach Bildende Kunst
- Instrumente im Fach Musik
- Bewegungsabläufe im Fach Sport
- Pflanzen im Sachunterricht

3.12 Visualisierung von Lerninhalten in Wortwolken

Wortwolken visualisieren Informationen in Form von Stichwörtern. Sie geben einen schnellen Überblick über ein Thema. Es gibt Anwendungen, die das kollaborative Erstellen von Wortwolken erlauben. Dabei kann die Lehrperson wählen, ob eine Mehrfachnennung eines Stichworts in höherer Schriftgröße hervorgehoben wird und die Eingaben somit hierarchisiert werden oder ob dieselbe Schriftgröße für alle Elemente beibehalten werden soll. Es gibt Anwendungen, bei denen die Schüler*innen Formen für die Darstellung auswählen bzw. eigene hochladen können. Dies kann die Visualisierung unterstützen. Wortwolken können unterschiedlich genutzt werden, z. B.

- für eine Hypothesenbildung zu einer Problemstellung,
- zum Zusammentragen von Assoziationen zu einem Thema,
- zur Reaktivierung von Vorwissen zu einem Thema,
- zum Sammeln von Ideen zu einem Projekt,
- zum Sammeln von Vorschlägen für eine Aktivität,
- zur Zusammenfassung wichtiger Aspekte eines Sach- oder literarischen Textes,
- als Lernerfolgskontrolle am Ende einer thematischen Einheit,
- für ein Feedback zu einer Vorgehensweise oder einem Arbeitsergebnis,
- zur Bewertung eines Unterrichtsthemas.

QR 11:
Beispiele für die Nutzung von Wort-
wolken

3.13 Visualisierung von Lerninhalten in Comics, Fotostories, Graphic Novels

Lerninhalte können als Comic, Fotostory oder Graphic Novel kreativ aufbereitet werden. Die Schüler*innen können eigene Zeichnungen oder Fotos verwenden oder sie greifen auf frei lizenziertes Bildmaterial zurück. Die Schüler*innen können auch Apps verwenden, die eigene Fotos in Cartoons oder Zeichnungen umwandeln. Beim Konzipieren und Erstellen kann arbeitsteilig vorgegangen werden. In Einzel-, Partner*innen- oder Gruppenarbeit kann jeweils ein Aspekt eines Themenbereichs als Comic, Fotostory oder Graphic Novel umgesetzt werden. Es kann auch kollaborativ an einem Format gearbeitet werden. Hier können einzelne Sequenzen übernommen oder Aufgabenbereiche untereinander aufgeteilt werden. Es können auch mehrere Gruppen an demselben Thema arbeiten und eigene Geschichten erstellen. Die Art der Aufbereitung sowie die gewählten inhaltlichen Schwerpunkte können danach miteinander verglichen werden. Das Erstellen von Comics, Fotostories oder Graphic Novels eignet sich in jedem Fach, z. B. zur Darstellung von

- biblischen Szenen im Fach Religion,
- Verhaltensabläufen aus ethologischer Sicht im Fach Ethik,
- Handlungen literarischer Texte im Fach Deutsch und im Fremdsprachenunterricht,
- Paradoxien z. B. zur Veranschaulichung des Grenzwertbegriffs im Fach Mathematik,
- Vorgängen in der atomaren Elektronik im Fach Physik,
- chemischen Reaktionen im Fach Chemie,
- genetischen Grundlagen oder viralen Erkrankungen im Fach Biologie,
- Wetterbeobachtungen im Fach Erdkunde,

- historischen Ereignissen im Fach Geschichte,
- politischen Institutionen und ihrer Bedeutung im Fach Sozialkunde,
- Vorstellungen zu Programmmusik im Fach Musik,
- Bewegungsabläufen im Fach Sport,
- Algorithmen im Fach Informatik.

Im Fach Bildende Kunst können die Schüler*innen einen Comic, eine Fotostory oder eine Graphic Novel als eigene Kunstform erstellen.

3.14 Veranschaulichung durch geometrische Objekte und Graphen

Zur Darstellung geometrischer Objekte und Graphen kann eine dynamische Software genutzt werden, die neben der Grafik-Ansicht auch eine Algebra- und Tabellen-Ansicht zur Verfügung stellt. Dadurch können geometrische Objekte nicht nur gezeichnet, sondern durch Manipulation von Gleichungen auch verändert werden, was in dem Programm direkt visualisiert wird. Ebenso ermöglicht die Anwendung, Funktionsgraphen zu erzeugen und die verschiedenen Darstellungsformen von Funktionen zu vernetzen. Die Schüler*innen können gemeinsam nach Lösungswegen suchen. Die Eingaben werden direkt visualisiert und können auf ihre Korrektheit hin überprüft werden.

Im Fach Mathematik kann diese Software z. B. eingesetzt werden, um mathematische Objekte zu konstruieren sowie Funktionsgraphen zu erstellen und dynamisch zu verändern.

Im Fach Physik kann diese Software z. B. genutzt werden, um mithilfe von Wellengleichungen, Weg-Zeit-Diagrammen oder Regressionsmodellen physikalische Zusammenhänge darzustellen und gemeinsam zu untersuchen.

Im Fach Chemie kann die Software z. B. verwendet werden, um chemische Reaktionen zu untersuchen oder Atommodelle und -bindungen darzustellen.

Im Fach Erdkunde können z. B. interaktive Karten erstellt und Wetterlagen simuliert werden.

Im Fach Musik können z. B. Schwingungen visualisiert und untersucht werden.

Im Fach Sozialkunde können z. B. das Angebot und die Nachfrage eines Produktes visualisiert werden, um gemeinsam den Gleichgewichtspreis zu ermitteln.

3.15 Visualisierung von Informationen durch Diagramme

Diagramme visualisieren Informationen. Je nach Art der Information wählt man einen entsprechenden Diagrammtyp. Verwendet werden können z. B. Tabellenkalkulationsprogramme oder spezielle Anwendungen, die Vorlagen bieten, in die die Daten eingegeben werden und die automatisch im gewählten Design das Diagramm anzeigen. Die Schüler*innen können z. B. zwischen Säulen-, Balken-, Kreis-, Torten- oder Ringdiagrammen wählen. Im Unterricht können Diagramme z. B. hilfreich sein, um erhobene Daten zu visualisieren, den Vergleich zwischen Daten zu erleichtern, komplexe Sachverhalte übersichtlich darzustellen oder Zusammenhänge zu verdeutlichen.

Im Deutsch- und Fremdsprachenunterricht können Klassenumfragen organisiert werden, z. B. zur Mediennutzung. Die erhobenen Daten werden als Diagramm ausgegeben und können in einer schriftlichen Analyse ausgewertet und interpretiert werden.

Im Erdkundeunterricht können die Schüler*innen bei einer Exkursion, z. B. zur Untersuchung von Fließgewässern oder bei Experimenten im Schulgebäude z. B. mit einer selbst gebauten Wetterstation, erhobene Daten in Diagrammen darstellen. Weitere Nutzungsmöglichkeiten sind z. B.:

- Versuchsdaten im Chemie- und Physikunterricht
- Energiediagramme im Fach Biologie
- Ereignisse (Stochastik) im Mathematikunterricht
- Bevölkerungsentwicklung im Geschichtsunterricht
- Klassenumfrage zum Freizeitverhalten im Fach Sozialkunde
- Klassenumfrage zum aktiven Musizieren im Fach Musik
- Sport und Gesundheit im Fach Sport
- Positionen zur Gottesfrage im Fach Religion
- kulturelle Vielfalt im Fach Ethik

3.16 Herstellen von Ortsbezügen in interaktiven Karten

Es gibt Anwendungen, die ein kollaboratives Bearbeiten von Karten ermöglichen. In eine geographische Karte können Informationen in Form von Text, Bild und/oder Ton eingefügt werden. Alternativ kann auch ein Web GIS verwendet werden. Dies eignet sich zur Visualisierung von Lerninhalten mit Raumbezug.

Im Sinne der Literaturgeographie kann bei real existierenden Schauplätzen die fiktionale Welt des literarischen Textes mit der realen Geographie verbunden werden. In die Karte tragen die Schüler*innen die Handlungsorte eines literarischen Textes ein und versehen diese mit Informationen zur Handlung oder Zusatzinformationen zu dem Ort. Damit können die Struktur des Handlungsraums sowie die Bezüge zwischen Text- und geographischem Raum veranschaulicht werden. Daneben gibt es Anwendungen, mit denen sich Karten z. B. zu Fantasy- oder dystopischen Romanen erstellen und interaktiv gestalten lassen. Damit lassen sich fiktive Orte visualisieren, um sich in der Fantasiewelt zu orientieren.

In bestehende Karten können die Schüler*innen Reisen einer historischen Person eintragen und beschreiben, um Zusammenhänge zu verdeutlichen. Dies können z. B. Entdeckungsreisen sein wie die Reisen des Kolumbus, um die Erkundung des amerikanischen Kontinents nachvollziehbar zu machen. Es können Reisen von biblischen

Personen sein, um die Geschichte ihres Wirkens anschaulich zu gestalten. Es können Reisen von zeitgenössischen Personen sein, z. B. Reisen von Künstler*innen mit Orten, die ihren Schaffensstil beeinflusst haben.

Im Erdkundeunterricht kann Mapping als räumliche Partizipationsmöglichkeit nach dem Ansatz Spatial Citizenship erkundet werden. Hierbei werden Raumkonzepte mit politischen Aspekten kombiniert.

Die Schüler*innen können Orte zusammentragen und mit Informationen versehen, die für einen Themenbereich relevant sind. Dies können z. B. Orte sein, an denen ein physikalisches Phänomen wie das Foucaultsche Pendel zu sehen sind.

Interaktive Karten können auch zur gemeinsamen Planung einer Lehrfahrt genutzt werden. Man wählt gemeinsam Orte aus, die besucht werden sollen. Dann kann z. B. arbeitsteilig jede Gruppe zu einer Station Informationen recherchieren und relevante Aspekte in Form von informativen Texten, Bild- und/oder Videomaterial in die Karte einfügen. Die Karte kann bei der Lehrfahrt als Guide genutzt werden.

Es gibt auch interaktive Karten, auf denen man Orte selbst anlegen kann. Dies kann im Sachunterricht zum Erkunden und Dokumentieren der eigenen Umgebung genutzt werden. Im Erdkundeunterricht kann dies bei Themenfeldern der Kartografie zum Einsatz kommen.

Für den Unterricht sind auch interaktive Karten interessant, die die eigene Bewegung über GPS erfassen und auf der Karte darstellen. Durch entsprechende Wahl einer Bewegungsstrecke können Formen/Figuren auf der Karte erzeugt werden. Dies kann im Sportunterricht einen Ausdauerlauf spielerisch und motivierend gestalten. Im Kunstunterricht der Grundschule können Zeichnungen durch Bewegung erstellt werden. Im Sachunterricht kann diese Art von Bewegungstracking in den Themenbereichen Bewegung und/oder Raum (Orientierung im Schulumfeld) eingesetzt werden.

Durch die gemeinsame interaktive Gestaltung der Karten werden die Lerninhalte in Bezug zu einem realen Ort gesetzt, was die Vorstellungskraft erhöht.

3.17 Visualisieren von Entwicklungen in Zeitleisten

Eine Zeitleiste visualisiert eine Entwicklung innerhalb eines zeitlichen Rahmens. Diese Entwicklung kann dargestellt werden, indem Zeitpunkte und/oder Zeitabschnitte in chronologischer Abfolge eingetragen werden. Die räumlich-bildliche Darstellung trägt zur Anschaulichkeit bei. Die digitale Version ermöglicht, dass neben einem Text zur Beschreibung des Ereignisses oder Zeitraums multimediale Elemente hinzugefügt werden können. Darüber hinaus ermöglichen viele digitale Anwendungen zum Erstellen von Zeitleisten kollaboratives oder kooperatives Arbeiten. Das Erstellen der Zeitleiste kann arbeitsteilig erfolgen. Jede Gruppe erarbeitet ein Ereignis oder einen Zeitabschnitt und fügt an entsprechender Stelle auf der Zeitleiste Informationen ein. Diese Art der Visualisierung von Lerninhalten kann in allen Unterrichtsfächern genutzt werden, z. B. für:

- Lebensläufe von bekannten Persönlichkeiten; in allen Fächern möglich
- literarische Epochen im Deutschunterricht
- den Handlungsablauf eines literarischen Textes im Deutsch- und Fremdsprachen-unterricht
- Entdeckungsreisen im Geschichtsunterricht
- historische Epochen im Geschichts- und Fremdsprachenunterricht
- das Thema Kolonialisierung im Fach Erdkunde
- die Berechnung von Zeitspannen und den Eintrag in eine Zeitleiste im Fach Mathe-matik
- das Thema Evolution im Fach Biologie
- die historische Entwicklung des Begriffs Organische Chemie im Fach Chemie
- kunsthistorische Epochen im Fach Bildende Kunst
- Musikepochen im Musikunterricht
- Phasen der Philosophiegeschichte im Fach Ethik/Philosophie
- Entdeckungen und Erfindungen im Sachunterricht
- die Geschichte der Algorithmisierung im Informatikunterricht

3.18 Vertonung von Lerninhalten in Klangbüchern

Lerninhalte können über Klänge, Geräusche und Töne hör- und damit erlebbar ge-macht werden. In Klangbüchern können die Schüler*innen zu den Klängen, Geräu-schen und Tönen Bilder sowie Text hinzufügen. Die Kombination der Repräsenta-tionsformen erleichtert den Wissenserwerb. Mithilfe z. B. einer E-Book-App können diese Elemente in einem Klangbuch zusammengefasst werden. Klangbücher können gemeinsam in allen Fächern gestaltet werden.

Im Sachunterricht können die Schüler*innen bei einem Unterrichtsgang auf einem Bauernhof Klänge und Geräusche des Landlebens aufzeichnen. Zu den Klängen fügen sie im E-Book ein entsprechendes Foto, das ebenfalls während der Exkursion aufge-nommen werden kann, sowie einen kurzen Hinweis zu dem Klang oder Geräusch in Textform hinzu. Das digitale Klangbuch wird allen zur Verfügung gestellt, damit sich die Schüler*innen jederzeit wieder in das Leben auf dem Bauernhof einhören können.

Im Fach Mathematik können z. B. Sinuskurven hörbar gemacht werden. Es gibt An-wendungen, die dies übernehmen. Die Ergebnisse können in das E-Book integriert werden.

Im Fach Bildende Kunst kann ein Klangbuch erstellt werden zu eigenen Klang-installationen. Die Klanginstallationen, die in Einzel-, Partner*innen- oder Gruppen-arbeit kreiert wurden, können z. B. als Video in dem E-Book mit einer Kurzinforma-tion zu dem Werk in Textform präsentiert werden. Möglich wäre auch ein Foto mit Kurzbeschreibung und Audiodatei.

Im Fach Religion können die Schüler*innen vor allem in der Grundschule eine bib-lische Geschichte selbst mit Klängen untermalen. Bei noch nicht abgeschlossener Alphabetisierung kann ein Bild der Geschichte mit der entsprechenden Aufnahme der klanglichen Untermalung in das E-Book eingefügt werden. In der Sekundarstufe kann arbeitsteilig gearbeitet werden. Jede*r Schüler*in übernimmt eine andere Sequenz der Geschichte. Auch hier kann mit Bildern statt mit dem Text gearbeitet werden, um den Zugang zur Geschichte über die Klangwelt zu fokussieren.

Weitere Möglichkeiten sind:
- Lautäußerungen von Tieren im Sachunterricht
- Musikinstrumente oder Musik unterschiedlicher Epochen, z. B. anhand der Liedform im Fach Musik
- Sprachvarietäten im Deutsch- oder Fremdsprachenunterricht
- akustische Täuschungen im Fach Biologie
- Schwingungen und Wellen im Fach Physik
- Sound History im Fach Geschichte
- Arbeitswelt im Wandel – Geräusche aus Produktionsstätten im Fach Politik

3.19 Erlebbar Machen von Lerninhalten in Museumsführern

Lerninhalte können kreativ in Form eines Museumsführers aufbereitet werden. Dies kann mit unterschiedlichen Intentionen und in unterschiedlichen Lernsituationen erfolgen. Da Museumsführer in Buchform gestaltet sind, eignet sich für das Erstellen eine E-Book-App. Museumsführer können erstellt werden als Vor- oder Nachbereitung eines Museumsbesuchs oder als Ersatz für einen Museumsbesuch bei zu hoher geographischer Entfernung. Eine weitere Möglichkeit besteht darin, dass die Schüler*innen zu einem Themenbereich eine fiktive Sonderausstellung erstellen.

Vorbereitung eines Museumsbesuchs
Plant die Lehrperson einen Museumsbesuch mit einer Lerngruppe, können sich die Schüler*innen bereits vor dem Unterrichtsgang auf der Website des Museums informieren. Sie können gemeinsam Exponate auswählen, die sie besonders interessieren und dazu weitere Recherchen durchführen. Die Informationen können in Form eines Museumsführers aufbereitet und beim Museumsbesuch genutzt werden. Dafür kann allen das E-Book digital zur Verfügung gestellt werden, das auf dem eigenen mobilen Gerät offline geladen werden kann. Ein selbst erstellter Museumsführer mit eigenen Prioritäten kann sich motivierend auf den Museumsbesuch auswirken, da individuelle Interessen berücksichtigt werden. Dadurch werden die Lernenden offener für eine Informationsaufnahme.

Nachbereitung eines Museumsbesuchs
Um die Nachhaltigkeit eines Museumsbesuchs zu fördern, können die Schüler*innen bei entsprechender Erlaubnis von Seiten des Museums den Unterrichtsgang durch Fotoaufnahmen und Notizen dokumentieren. Sie wählen dabei Exponate aus, die sie

besonders interessiert haben. Im Unterricht findet eine Nachbereitung statt und die Informationen sowie Eindrücke werden gemeinsam in Form eines Museumsführers aufbereitet. Das E-Book wird allen zur Verfügung gestellt, sodass jederzeit noch mal ein Einblick in den Museumsbesuch stattfinden kann.

Ersatz eines Museumsbesuchs

Ein Museumsbesuch ist in allen Fächern interessant. Es gibt Ausstellungen zu ganz unterschiedlichen Themen. Manche Museen sind allerdings zu weit vom Schulstandort entfernt und daher ist ein Ausstellungsbesuch im Rahmen des Unterrichts unmöglich. Da die Museen auf ihren Websites oft einen virtuellen Einblick in die Ausstellungen geben, kann ein virtueller Museumsbesuch stattfinden. Um die Aufmerksamkeit auf die Inhalte zu lenken, kann die Lehrperson den virtuellen Rundgang dokumentieren lassen. In kreativer Weise kann dies in Form eines Museumsführers gestaltet werden. Die Schüler*innen wählen ihre Lieblingsexponate aus, informieren sich über die Kurzinformation auf der Museumsseite hinaus über das Werk bzw. Objekt und bereiten die Informationen in Form eines Museumsführers auf. Die einzelnen Beiträge werden zu einem gemeinsamen E-Book zusammengestellt und allen zur Verfügung gestellt. Dies ermöglicht einen Einblick in die Themen sowie eine anschauliche Information zu inhaltlichen Aspekten.

Fiktive Sonderausstellung

Eine kreative Auseinandersetzung mit Lerninhalten besteht darin, Informationen zu einem Themenbereich zu recherchieren und Museumsexponate sowie Dokumentationen zu suchen, die Aspekte des Themenbereichs veranschaulichen. Diese Objekte und Dokumente bringen die Schüler*innen virtuell in einer selbst organisierten Sonderausstellung zusammen. Der Museumsführer begleitet durch die fiktive Ausstellung. Da es unterschiedliche Museumsarten gibt, kann diese Möglichkeit in allen Fächern genutzt werden, z.B.

- zum Leben einer Künstlerin oder eines Künstlers,
- zu naturwissenschaftlichen Themen,
- zu historischen Ereignissen,
- zu geographischen Themen,
- zu sprachwissenschaftlichen bzw. sprachgeschichtlichen Phänomenen und Entwicklungen,
- über andere Länder, Kulturen, Religionen,
- zur Entwicklungsgeschichte einer Kultur,
- zur Entwicklungsgeschichte von technischen Erfindungen.

Man kann die Sonderausstellung auch als Mitmachausstellung konzipieren. Dafür kann man Versuche und Experimente in Bildform dokumentieren oder selbst dazu Stationen entwerfen und dokumentieren. Dies kann verwendet werden bei mathematischen Themen, um Alltagsphänomene mathematisch zu erklären. Mitmachausstellungen gibt es auch z. B. zu geologischen Themen, physiologischen Aspekten oder naturwissenschaftlichen Phänomenen. Da E-Books die Integration multimedialer Elemente erlauben, können die Schüler*innen den Museumsführer interaktiv gestalten, sodass Mitmach-Aktivitäten im E-Book durchgeführt werden können. Im Fach Bildende Kunst kann ein eigenes Kunstprojekt in Form eines Museumsführers dokumentiert werden. Eine weitere Möglichkeit ist, dass alle Schüler*innen einer Lerngruppe ihr Lieblingsgemälde vorstellen. Die Auswahl wird in Form eines Museumsführers von allen aufbereitet und in einem E-Book zusammengeführt. Dies eignet sich z. B. zu Beginn eines Schuljahres, wenn die Lerngruppe neu zusammengesetzt ist, um Gruppendynamik zu fördern und die Interessen der Lernenden in Erfahrung zu bringen.

Grenzüberschreitende Projekte

Im Rahmen von EU-Austauschprogrammen sollen oft gemeinsame Produkte entstehen. Hier wäre das Erstellen eines gemeinsamen Museumsführers eine Möglichkeit. Jede teilnehmende Schule wählt ein Museum, das Exponate zeigt zu kulturellen Aspekten, die die eigene Region geprägt haben (z. B. Industrie-, Freilicht- oder Designmuseum). Die Lerngruppe organisiert einen Museumsbesuch und hält wichtige Informationen fest. Liegt eine Erlaubnis des Museums für Aufnahmen vor, werden Fotos von einer Auswahl an Exponaten gemacht. Im Unterricht werden die Fotos und Informationen in Form eines Museumsführers aufbereitet. Nach Abschluss werden die Museumsführer der jeweiligen Schule zu einem digitalen Buch zusammengeführt und man hat einen Einblick in die kulturellen Besonderheiten der eigenen sowie der Partnerregionen, um interkulturelle Lernerfahrungen zu fördern.

3.20 Erlebbar Machen von Lerninhalten in Reiseführern

Außerschulische Lernorte ermöglichen, einen Realitätsbezug zu Lerninhalten herzustellen. Außerschulische Lernorte erleichtern zudem forschendes Lernen. Digitale Möglichkeiten erlauben ein virtuelles Verlassen des Klassenraums. Die Schüler*innen können sich virtuell auf eine Reise begeben. Websites zu Orten von besonderem Interesse sowie Webkameras ermöglichen eine Erkundung des Ortes. Apps, die virtuelle Expeditionen, Satelliten- oder Luftbilder, 3D-Aufnahmen sowie 360°-Ansichten aus der Straßenperspektive anbieten, versetzen die Betrachter*innen virtuell an den entsprechenden Ort. Die Erfahrungen und gewonnenen Erkenntnisse können aufbereitet werden in Form eines digitalen Reiseführers. In einem Reiseführer sind relevante Informationen zu einem Ort zusammengefasst. Der Text wird durch Fotos von den Reisezielen illustriert. Das Reiseziel wird zudem durch Hinzufügen von Kartenmaterial geografisch situiert. Die Informationen sollten so gestaltet sein, dass sie andere motivieren, sich diesen Ort anzusehen.

Die Schüler*innen können kollaborativ einen fiktiven Reiseführer oder einen Reiseführer für eine Lehrfahrt erstellen. Zum Erstellen eignen sich E-Book-Apps. Es gibt

Anwendungen, mit denen sich speziell Reiseführer gestalten lassen. Dies ist jedoch wenig empfehlenswert, da diese meistens bereits fertige Informationstexte vorschlagen und wenig Raum für individuelle Ideen lassen.

Virtuelle Reisen können z. B. unternommen werden an Orte von historischem, geographischem, naturwissenschaftlichem, gesellschaftlichem, literarischem, künstlerischem oder religiösem Interesse. Ausflugs- bzw. Besichtigungsvorschläge können ausgewählt und Informationen dazu im Reiseführerformat aufbereitet werden.

Fiktiver Reiseführer

Um sich kreativ mit Lerninhalten auseinanderzusetzen, können die Schüler*innen Lerninhalte in Form eines fiktiven Reiseführers aufbereiten. Dabei kann arbeitsteilig vorgegangen werden. Jede Gruppe übernimmt eine andere Station der fiktiven Reise. Dies bietet sich z. B. an

- zu Pilgerreisen im Fach Religion,
- zu Orten einer literarischen Ganzschrift im Deutsch- oder Fremdsprachenunterricht,
- zu den Reisen einer Komponistin oder eines Komponisten im Fach Musik,
- als Kunst-Reiseführer zu kulturellen Stätten in der eigenen Region im Fach Bildende Kunst,
- zu historischen Stätten einer Stadt oder Region im Fach Geschichte,
- zu einem Land im Fach Erdkunde,
- zu den politischen Institutionen der Hauptstadt im Fach Politik,
- zu den Spielstätten der Olympischen Spiele im Fach Sport,
- zu nachhaltigen Einkaufsmöglichkeiten in der Region im Sachunterricht.

Reiseführer für eine Lehrfahrt

Digitale Möglichkeiten helfen bei der Planung einer Lehrfahrt. In einer Wortwolke, auf einer digitalen Pinnwand oder in einem digitalen Umfrageformular können die Schüler*innen ihre Vorschläge für das Fahrtenziel sammeln. Danach kann eine digitale Abstimmung gestartet werden. Ist das Ziel ermittelt, können die Schüler*innen recherchieren, was es an diesem Ort zu sehen und zu erleben gibt. Vorschläge für die Programmgestaltung der Lehrfahrt können wiederum digital gesammelt werden und es kann digital über Prioritäten abgestimmt werden. Daraus wird das Programm für die Lehrfahrt zusammengestellt. Je nach Interesse übernehmen die Schüler*innen in Einzel-, Partner*innen- oder Gruppenarbeit einzelne Stationen der Fahrt und bereiten diese in Form eines Abschnitts in einem Reiseführer auf. Die einzelnen Teile werden zu einem E-Book zusammengeführt. Dieses wird allen zur Verfügung gestellt und kann während der Lehrfahrt als individueller Reiseführer genutzt werden. Haben die Schüler*innen sich das E-Book auf ihr mobiles Gerät geladen, steht es offline zur Verfügung.

3.21 Hervorhebung von Lerninhalten in digitalen Zeitschriften

Lerninhalte können in Zeitschriftenform aufbereitet werden. Dies erfordert eine kreative Auseinandersetzung mit den Themen sowie eine Aufbereitung der Inhalte in einer Form, die Leser*innen zum Lesen motiviert. Es gibt Webanwendungen und Apps, die bereits Vorlagen zur Gestaltung einer Zeitschrift zur Verfügung stellen. Die digitale Zeitschrift kann mit anderen geteilt und heruntergeladen werden zur Archivierung, z. B. im Lernmanagementsystem. Zum Erstellen der Zeitschrift kann arbeitsteilig vorgegangen werden. Die Schüler*innen können in Partner*innenarbeit oder in Kleingruppen ein Thema zu dem Themenbereich der Unterrichtseinheit aufbereiten. Die Themenwahl sowie die Entscheidung, in welcher Form der Beitrag verfasst werden soll, kann den Schüler*innen freigestellt werden. Es sollte im Plenum jedoch eine Absprache erfolgen, damit eine Themen- und Beitragsformenvielfalt entsteht. Mögliche Beitragsformen können sein:

- Bericht
- Interview
- Kommentar
- Kurznachrichten
- Reportage
- Quiz/Rätsel
- Werbeanzeige

Im Fach Sport können die Schüler*innen z. B. News aus dem Sportunterricht zusammentragen. Arbeitsteilig können sie Artikel verfassen und in der Zeitschrift in entsprechender Aufmachung zusammentragen. Die Themen für die Artikel und die Form des Artikels können von den Gruppen gewählt werden, z. B. sportliche Erfolge in der Lerngruppe, eine Dokumentation von Trainingseinheiten, Interviews mit Sportler*innen aus der Lerngruppe z. B. zu dem Thema Leistungsmotivation, ein Bericht über Gefahren von Doping und Tipps für eine gesunde Ernährung. Es können Rätsel zu sportmedizinischen Aspekten erstellt werden oder Werbeanzeigen für Outdoor Fitness.

Eine kreative Möglichkeit wäre, eine Filmzeitschrift zu erstellen und sich dafür die Lerninhalte als Filme vorzustellen, zu denen z. B. Filmkritiken, Ankündigungen, Starporträts oder Berichte vom Set für das Magazin erstellt werden.

Im Fach Biologie wäre dies z. B. möglich zum Thema Genetik. Die Schüler*innen könnten Inhalte in einen Science-Fiction-, Kriminal-, Action-, historischen, dystopischen Film oder ein Liebesdrama bringen und zu dem entsprechenden Film Artikel verfassen.

In anderen Fächern gibt es z. B. folgende Möglichkeiten:

- Klassenzeitung im Deutschunterricht
- Stadtmagazin im Deutsch- oder Sachunterricht der Primarstufe
- Fachzeitschrift zu naturwissenschaftlichen Entdeckungen oder Phänomenen im Biologie-, Chemie- und Physikunterricht

- Fachzeitschrift zu IT-Themen im Fach Informatik
- Wirtschaftsmagazin zu den Themenbereichen Wirtschaft und Arbeitswelt im Fach Sozialkunde
- Reisemagazin im Erdkunde- und Fremdsprachenunterricht
- Musikmagazin zu Rock- und Popmusik im Fach Musik
- Kulturzeitschrift zu Bildender Kunst und Architektur der Gegenwart im Kunstunterricht
- Christliche Zeitschrift zum Themenbereich Kirche vor den Herausforderungen einer neuen Zeit im Fach Religion
- Magazin für Geschichte zum Thema Steinzeit im Geschichtsunterricht
- Rätselheft zu Rechenregeln im Fach Mathematik

3.22 Präsentation von Lerninhalten als Breaking News

Breaking News sind kurze Pressenachrichten von hoher Relevanz, die sich sehr schnell über soziale Netzwerke verbreiten. Die Aufmachung unterstreicht die Dringlichkeit der Nachricht. Eine Schlagzeile soll Aufmerksamkeit erregen. Danach folgt ein kurzer Text mit hoher Informationsdichte. Teilweise werden die Top News illustriert. Lerninhalte als Breaking News darzustellen erfordert eine Reduktion auf wesentliche Aspekte und ermöglicht eine kreative Auseinandersetzung mit dem Thema. Zudem muss die Relevanz des Lerninhalts herausgearbeitet werden. Erstellt werden können diese Nachrichten mithilfe von Anwendungen, die aus den eingegebenen Inhalten Fake News in der typischen Aufmachung von Topmeldungen generieren. Als Breaking News dargestellt werden können z. B.:
- Phänomene aus dem MINT-Bereich
- Handlungselemente aus einem literarischen Text im Deutsch- und Fremdsprachenunterricht
- historische Ereignisse im Geschichtsunterricht
- Entscheidungen von Gemeinden im Sozialkundeunterricht
- geophysikalische oder atmosphärische Naturgefahren im Erdkundeunterricht
- die Neuerscheinung eines musikalischen Werks oder eines Kunstwerks in den Fächern Musik oder Bildende Kunst
- biblische Überlieferungen im Fach Religion
- Umweltschutz im Fach Ethik

3.23 Lerninhalte als Botschaften in digitalen Plakaten oder Flyern

Plakate oder Flyer sind Dokumente, die eine Botschaft vermitteln sollen. Sie können eine informierende, appellative oder werbende Funktion haben. Gestaltet werden sie in der Regel mit kurzen Texten und Bildern. Das Format eignet sich zur kreativen oder sachlichen Aufarbeitung von Lerninhalten. Die Schüler*innen können Webanwendungen oder Apps zum Erstellen nutzen. Diese enthalten Vorlagen in entsprechendem Format und mit entsprechenden Strukturhilfen. Die Bilder können eigene Fotos oder Zeichnungen sein oder es werden offen lizenzierte Bilder verwendet. Gestaltet werden können z. B.:

- Flyer zu einer Aufführung eines Märchens im Deutschunterricht
- Flyer zu einer kommunalen Kampagne im Fach Sozialkunde
- Plakat mit Solidaritätsaufruf in dem Kontext einer historischen Epoche im Fach Geschichte
- Werbeplakat für eine Urlaubsregion im Fremdsprachenunterricht
- Flyer zu einem Konzert im Fach Musik
- Plakat zu einer Kunstausstellung im Fach Bildende Kunst
- Flyer zu gesunder Ernährung im Fach Sport
- Plakat/Flyer einer Hilfsorganisation im Religions- oder Ethikunterricht
- Flyer mit Gezeitenkalender im Fach Mathematik
- Plakat/Flyer zu artgerechter Tierhaltung im Fach Biologie
- Plakat zum sicheren Umgang mit Chemikalien im Chemieunterricht
- Plakat zum sicheren Umgang mit Elektrizität im Fach Physik
- Plakate zum Konsumverhalten im Fach Erdkunde
- Flyer zu einer CryptoParty im Fach Informatik

3.24 Schaffen neuer Lernorte in virtuellen Rundgängen

Virtuelle Rundgänge ermöglichen, Lernräume interaktiv zu erkunden. Virtuelle Rundgänge werden erlebbar in der 360°- oder 180°-Optik. Sowohl 180°- als auch 360°-Aufnahmen können ohne VR-Brille in 2D angesehen werden. Mit VR-Brille kann man sich durch Head Tracking in der Umgebung umsehen. Fotos oder Videos, die stereoskopisch aufgenommen werden, erzeugen bei Verwendung einer VR-Brille eine Tiefenwirkung durch dreidimensionale Wahrnehmung.

Aufnahmen der zu erkundenden Umgebung können die Schüler*innen mit einer 360°-Kamera anfertigen. Sie können auch die native Panorama-App des Smartphones oder Tablets verwenden. Mit den Apps kann kein manuelles Stitching vorgenommen werden und sie zeigen auch nur einen bestimmten Ausschnitt in 360°. Zum Erstellen von virtuellen Rundgängen können die Schüler*innen sie dennoch verwenden, da in der Regel Orte ohne Personen aufgenommen werden und ein Pfeil bei der Aufnahme hilft, eine gleichbleibende waagerechte Position des Aufnahmegeräts beizubehalten.

Eine 180°-Kamera ist standardmäßig mit zwei Weitwinkel-Linsen ausgestattet. Dadurch entstehen stereoskopische Aufnahmen, die eine stärkere Tiefenwirkung erzeugen.

Bei 360°-Aufnahmen hat man bei virtuellen Rundgängen eine Rundumperspektive. Die Aufnahmen können in Plattformen hochgeladen werden, die erlauben, bestimmte

Hotspots in dem Bild anzulegen, denen Informationen in Bild-, Text-, Audio- oder Videoformat hinzufügt werden können. Diese erscheinen, wenn man ein bestimmtes Symbol berührt bzw. anklickt. Es gibt Plattformen, bei denen mehrere Stationen erstellt werden können. In manchen Plattformen erscheinen diese linear nacheinander. In manchen Plattformen lassen sich von einem Gesamtpanorama aus unterschiedliche Ebenen anlegen. Je nach Gestaltungsart wählen die Schüler*innen die entsprechende Möglichkeit. Virtuelle Touren können z. B. erstellt werden

- von dem Schulgelände und dem Schulhaus zur virtuellen Erkundung für die neu eingeschulten Schüler*innen oder Partnerklassen im Ausland,
- als Dokumentation eines Unterrichtsgangs oder einer Lehrfahrt,
- von historischen Orten in der Umgebung im Fach Geschichte,
- von Orten unterschiedlicher Religionen im Fach Religion,
- zu Lebensmitteln, in denen z. B. Kohlenhydrate enthalten sind mit Angabe, welche und in welchem Anteil; dabei ist auf die Perspektive der Betrachter*innen bei der Aufnahme zu achten; die kreisförmig angeordneten Lebensmittel werden vom Kreismittelpunkt aus gefilmt,
- zur Erkundung und Beschreibung der eigenen Umgebung im Sach- oder Deutschunterricht,
- zu Ökosystemen im Fach Biologie,
- zur Charakterisierung einer Vegetationszone im Fach Erdkunde,
- als Rundgang durch ein örtliches Kunstmuseum im Fach Bildende Kunst, wenn eine entsprechende Genehmigung für Aufnahmen vorliegt,
- als Rundgang durch das Innenleben einer Orgel im Fach Musik.

3.25 Schaffen neuer Lernorte in virtuellen Welten

Virtuelle Welten bilden die reale Welt nach. Durch Verwendung digitaler Möglichkeiten können Lerninhalte virtuell aufbereitet werden. Die Schüler*innen setzen sich selbstständig mit Lerninhalten auseinander und setzen diese gemeinsam in virtuellen Welten um. Dabei nehmen mentale Modelle Formen an. Bei dem Erschaffen von virtuellen Welten finden eine aktive Informationsverarbeitung sowie ein aktiver Konstruktionsprozess statt, was Nachhaltigkeit von Lernen fördert. In Open World Games, in denen virtuelle Welten erschaffen werden können, können die Schüler*innen im Multiplayer-Modus kollaborativ Lerninhalte visualisieren. Sie können auch VR-Editoren nutzen, um kollaborativ virtuelle Umgebungen zu erschaffen. Virtual-Reality-Anwendungen (s. Kap. 6.4) ermöglichen eine Visualisierung in 3D. Mithilfe von visuellen Programmierumgebungen lassen sich in vielen Anwendungen die Objekte animieren. Dadurch können auch Simulationen in der virtuellen Welt stattfinden. Visuell umgesetzt werden können z. B.:

- biblische Szenen oder kirchliche Bauwerke im Fach Religion
- Situationen aus Lehrbuchtexten im Fremdsprachenunterricht

- Szenen aus literarischen Texten im Deutsch- oder Fremdsprachenunterricht
- Atombausteine im Fach Chemie
- Simulationen von physikalischen Kräften im Fach Physik
- DNA-Modelle im Fach Biologie
- historische Ereignisse oder historische Bauwerke im Fach Geschichte
- Offshore-Windparks im Fach Erdkunde
- Additionsaufgaben mit Blöcken im Fach Mathematik
- Orchesterbesetzungen im Fach Musik
- Bauwerke unterschiedlicher Stilepochen im Fach Bildende Kunst
- politische Institutionen und Sitzverteilung bzw. Koalitionsmöglichkeiten nach Wahlen im Fach Sozialkunde

Im Fach Informatik kann z. B. ein eigener Server eingerichtet und Elemente virtueller Welten durch Programmieren animiert werden.

QR 12:
Beispiele für virtuelle Welten in Open World Games

3.26 Öffnung von Unterricht durch Videochats

Gemeinsam lernen kann man im direkten Austausch. Videochats ermöglichen einen Austausch über die Grenzen des Unterrichtsraums hinweg. Der didaktische Raum kann verlassen werden, um Unterricht zu öffnen und authentische Kommunikationssituationen zu schaffen, auch wenn diese weiterhin in ein didaktisches Konzept eingebettet sind. Es können Expert*innen zu einem Thema über Videochat in den Unterricht eingeladen werden. Das können z. B. Universitätsprofessor*innen, Mitarbeiter*innen an themenspezifischen Projekten, Vertreter*innen bestimmter Berufsgruppen oder bestimmter Zielsprachen sein. Im Fremdsprachenunterricht ist Sprache somit nicht Unterrichtsgegenstand, sondern Medium, um Sachinhalte zu erschließen oder sich über diese Inhalte auszutauschen. Es können z. B. Austauschprojekte über Videochat vorbereitet werden, indem sich die Schüler*innen auf diese Weise gegenseitig vorstellen und sich somit bereits etwas kennenlernen.

Möchte man mit Expert*innen zu einem Thema in Austausch treten, kann eine Einladung in Präsenzform zeitlich oder finanziell zu aufwendig sein. In virtueller Form reduziert sich der Aufwand erheblich für beide Seiten. Um das Gespräch effektiv zu gestalten, können sich die Schüler*innen im Vorfeld bereits Fragen an die eingeladene Person überlegen. Fächerspezifisch kann z. B. Austausch erfolgen durch Einladung

- einer Sprecherin oder eines Sprechers einer Zielsprache im Fremdsprachenunterricht zu einem bestimmten Thema,
- einer Partnerklasse im Fremdsprachenunterricht als Vorbereitung auf ein Treffen oder für virtuelle interkulturelle Lernbegegnungen,
- einer Klasse über organisierte Mystery-Chats, bei denen die Klasse aus einem Land nach wählbarem Sprachraum zugeteilt wird und die Schüler*innen durch gegenseitiges Fragen in der jeweiligen Zielsprache herausfinden müssen, wo sich die andere Klasse befindet,
- einer Klasse über organisierte Mystery-Chats im Erdkundeunterricht, um anhand der ausgetauschten Informationen das Land bzw. die Region zu erraten, in der sich die andere Lerngruppe befindet,
- einer anderen Lerngruppe im Fach Mathematik, um nach dem Modell von Mathematik ohne Grenzen gemeinsam Lösungswege zu diskutieren,
- einer Autorin oder eines Autors im Deutschunterricht,
- einer Zeitzeugin oder eines Zeitzeugens eines historischen Ereignisses im Geschichtsunterricht,
- einer Künstlerin oder eines Künstlers im Kunst- oder Musikunterricht,
- einer Chemikantin oder eines Chemikanten im Chemieunterricht,
- einer Mitarbeiterin oder eines Mitarbeiters eines Forschungsinstituts im Fach Physik,
- einer Mitarbeiterin oder eines Mitarbeiters eines zoologischen Instituts im Fach Biologie,
- einer Kartografin oder eines Kartografen im Erdkundeunterricht,
- einer Sozialarbeiterin oder eines Sozialarbeiters in einem Hilfsprojekt im Erdkunde-, Religions-, Ethik- oder Sozialkundeunterricht,
- einer Mitarbeiterin oder eines Mitarbeiters einer Justizvollzugseinrichtung im Sozialkundeunterricht,
- von Geistlichen unterschiedlicher Religionsgemeinschaften im Religionsunterricht,
- einer Sportlerin oder eines Sportlers, einer Trainerin oder eines Trainers, einer Schiedsrichterin oder eines Schiedsrichters einer bestimmten Sportart im Fach Sport.

Es gibt Angebote, die Lerngruppen kostenlos in Kontakt mit Wissenschaftler*innen bringen. Wissenschaftler*innen stellen sich für diese Projekte zur Verfügung und sind in einer Datenbank registriert. Je nach thematischem Kontext werden entsprechende Wissenschaftler* vermittelt, die Einblicke in ihre Forschungsprojekte geben oder virtuelle Laborführungen anbieten. Es besteht auch die Möglichkeit, dass die Schüler*innen Versuche und Experimente live miterleben und darüber kommunizieren.

Des Weiteren gibt es Videochat-Projekte, bei denen eine Lerngruppe aus einem Land auf der Nordhalbkugel mit einer Lerngruppe aus einem Land auf der Südhalbkugel miteinander in Kontakt gebracht wird. Durch den Austausch über entwicklungs- und umweltpolitische Themen wird bei diesem Projekt globales Lernen gefördert. Bei

Solidaritätsprojekten können die Beteiligten sich via Videochat über die Entwicklung des Projekts austauschen.

Die Lehrperson kann Videochats auch nutzen für Online-Sprechstunden, die die Schüler*innen auf freiwilliger Basis wahrnehmen können. Zum Beispiel kann die Lehrperson im Seminarfach zu den Unterrichtszeiten, die für eigenverantwortliches Lernen zur Verfügung stehen, eine Online-Begleitung anbieten.

Im Fach Informatik kann gemeinsam ein verschlüsselter Open-Source-Videochat installiert werden, um Möglichkeiten der Datensouveränität kennenzulernen.

Videochats können je nach Anwendung aufgezeichnet werden, was interessant ist, wenn die Gesprächsinhalte weiterhin zur Verfügung stehen sollen oder auch für andere Lerngruppen interessant sind. Die Lehrperson kann die Aufzeichnung nach Genehmigung der Erziehungsberechtigten anderen z. B. über ein Intranet zugänglich machen oder öffentlich online stellen.

3.27 Foto- und Video-Sharing

Beliebt bei Jugendlichen sind Foto- und Video-Sharing-Plattformen. Die sozialen Netzwerke verbinden über visuelle/audiovisuelle Einblicke, die man anderen in das eigene Leben oder Themen, für die man sich interessiert, gibt. Eine visuelle/audiovisuelle Aufbereitung von Lerninhalten und das Teilen der eigenen Fotos oder Videos kann im Unterricht zum Einsatz kommen. Je nach Einverständnis der Erziehungsberechtigten können bestehende soziale Netzwerke zum Teilen genutzt werden. Dafür kann ein Gruppenaccount genutzt werden. Altersvorgaben der Onlinedienste sind zu beachten. Die Schüler*innen können jedoch auch nur innerhalb der Lerngruppe die Ergebnisse z. B. im digitalen Lernmanagementsystem austauschen. Gesichter sollten nicht erkennbar sein. Die Schüler*innen können mit Filtern Gesichter unkenntlich machen, sie mithilfe entsprechender Apps verpixeln oder Emojis darüberlegen. Die meisten Themen können zudem ohne Gesichtsaufnahmen visualisiert werden. Gepostet wird das Foto/Video mit einem kurzen Text und ggf. Hashtags dazu. Die Hashtags ermöglichen, dass andere, die sich für dieses Thema interessieren, das Foto/Video finden und ebenfalls ansehen können. Man kann auch einen Gruppenhashtag wählen, damit die eigenen Ergebnisse schnell in einer Übersicht angezeigt werden.

Über einen Hashtag werden in diesen sozialen Netzwerken oft Challenges organisiert. Dabei wird z. B. für jeden Tag im Monat ein Thema angegeben, das durch ein Foto oder eine Zeichnung visualisiert werden soll. Daneben gibt es Challenges, die ein Thema vorgeben, das über einen bestimmten Zeitraum hinweg bestehen bleibt. Zu diesem Thema werden jeden Tag Alltagseinblicke gepostet. Beide Organisationsformen lassen sich im Unterricht in jedem Fach nutzen. Die Schüler*innen können an bestehenden Challenges teilnehmen oder eigene konzipieren. Die Challenge läuft über einen festgelegten Zeitraum. Bei selbst konzipierten Challenges kann man ggf. statt jeden Tag nur die Unterrichtstage wählen. Zu einem unterrichtsrelevanten Thema werden Aspekte für die Challenge gemeinsam erarbeitet oder von der Lehrperson vorgegeben. Die Aspekte werden auf Tage verteilt, an denen das jeweilige Thema visualisiert und unter dem gemeinsamen Hashtag gepostet werden soll. Die Beiträge werden durch Verwendung eines gemeinsamen Hashtags gebündelt. Mögliche Challenges können sein:

- #1Tag1Gleichnis im Religionsunterricht
- #30happydays zum Thema Glück im Ethikunterricht
- #septemberphotochallenge als Fotoprojekt in einem festgelegten Monat im Fach Bildende Kunst
- #10songs mit jeweils einem Lied zu einer bestimmten Vorgabe im Fach Musik
- #myweekofbiology #myweekofchemistry #myweekofphysics #myweekofmaths für naturwissenschaftliche bzw. mathematische Phänomene im Alltag
- #historyinthewild zur Erkundung der Geschichte der eigenen Stadt im Sach- oder Geschichtsunterricht
- #democracyworks zu gesellschaftlichen Themen im Fach Sozialkunde
- #healthcoach zum Thema Sport und Gesundheit im Fach Sport
- #20thingsaboutme zu literarischen Figuren im Deutsch- und Fremdsprachenunterricht
- #mycity für eine Stadtbeschreibung aus Sicht einer Lehrwerksfigur im Fremdsprachenunterricht
- #travelinsight zu einer fiktiven Reise im Erdkunde- oder Fremdsprachenunterricht
- #paris20xx oder andere Orte zur Dokumentation einer Lehrfahrt

Neben Challenges gibt es weitere Gestaltungsmöglichkeiten. Im Fremdsprachenunterricht kann man Foto- und Video-Sharing z. B. bereits im Anfangsunterricht nutzen, um die eigene Stadt in der Zielsprache vorzustellen. In jedem Lehrwerk wird zu Beginn die Stadt vorgestellt, in der die Lehrwerksfiguren leben. Ähnlich können Einblicke in die eigene Stadt gegeben werden. Weitere Nutzungsmöglichkeiten sind:

- Szenen aus einem literarischen Text in Form von Standbildern im Deutsch- und Fremdsprachenunterricht (mit Filtern oder Emojis Gesichter unkenntlich machen)
- Objekte aus einem Wortfeld im Deutsch- und Fremdsprachenunterricht
- geometrische Figuren im Alltag im Fach Mathematik (Aufnahmen z. B. bei einem Stadtrundgang)
- eigene visuelle Interpretation eines bekannten Gemäldes im Fach Bildende Kunst
- Zuckergehalt in Getränken im Fach Biologie
- Wirkungsweise von Tensiden im Fach Chemie
- magnetische Felder im Fach Physik
- Dokumentation einer Exkursion bzw. eines Unterrichtsgangs im Erdkunde- bzw. Geschichtsunterricht
- Europa im Alltag im Fach Sozialkunde
- Wundererzählungen im Fach Religion
- Dokumentation eigener Kunstobjekte im Fach Bildende Kunst

- Aufbau einer Kirchenorgel im Fach Musik
- Bewegungstechniken im Fach Sport (Fokus auf bestimmte Komponenten des Bewegungsapparats, ohne Gesichtsaufnahme)

3.28 Kreative Informationsaufbereitung in sozialen Netzwerken

Es gibt viele soziale Netzwerke. Präferenzen für bestimmte Plattformen ändern sich. Analysen wie die JIM-Studie (online unter www.mpfs.de/studien/) zeigen aktuelle Trends. Die sozialen Netzwerke unterscheiden sich. Bei einigen überwiegt der Bildanteil, bei anderen steht der Text im Vordergrund. Bei einigen postet man ausführliche Beschreibungen von persönlichen Eindrücken, bei anderen werden nur kurze Erklärungen zu einem Thema gegeben. Bei den meisten postet man eigene Gedanken. Bei manchen erhält man Fragen von anderen, auf die man antwortet. Daher muss überlegt werden, welcher Social-Media-Kanal zu den Inhalten bzw. zu der Aufbereitungsart der Informationen passt. Für die Nutzung sozialer Netzwerke empfiehlt es sich, einen Lerngruppenaccount anzulegen, damit Schüler*innen nicht ihre persönlichen Daten für das Projekt freigeben müssen.

Bilddominanz
Überwiegt der Bildanteil (s. Kap. 3.27) können Lerninhalte z.B. in Fotos oder einer Fotofolge aufbereitet werden. Eigene Zeichnungen oder Sketchnotes sind im Grafikformat ebenfalls möglich. Die Schüler*innen können zu den Bildern einen Kommentar oder kurze Informationen hinzufügen. Die Bilder können als Basis für eine anschließende Versprachlichung oder für eine selbstständige Betrachtung mit anschließender Besprechung im Plenum genutzt werden. Die Posts können reale oder fiktive Momentaufnahmen zu einem Thema sein. Eine literarische Figur, eine historische, politische oder biblische Person, ein*e Wissenschaftler*in, ein*e Künstler*in oder ein*e Sportler*in können fiktive Einblicke in ihr Leben bzw. in ihre aktuellen Aktivitäten geben. Bei Lehrfahrten ins Ausland können reale interkulturelle Erfahrungen visualisiert werden. Im Deutsch- oder Fremdsprachenunterricht kann ein Tagesablauf dokumentiert werden. Dieser kann fiktiv sein, z.B. zu einer Person des öffentlichen Lebens. Eine weitere Nutzungsmöglichkeit besteht darin, in einer Fotofolge visuelle Anleitungen zu posten.

Textdominanz
Geht es um ausführliche Informationen zu einem Aspekt in Textform, wird ein Social-Media-Kanal mit entsprechender Struktur gewählt. Dieser kann zur Darstellung von Lebensstationen, einer Reise oder einer Entdeckung einer fiktiven Figur oder bekannten Persönlichkeit genutzt werden. Die Textposts werden in der Regel durch ein Foto illustriert.

Werden in dem sozialen Netzwerk kurze Aussagen gepostet, kann man dies für Zusammenfassungen von literarischen oder Sachtexten in Form von Breaking News nutzen (s. Kap. 3.22). Einzelne Aspekte werden in separaten Beiträgen gepostet. Zu einem literarischen Text kann man für die Figuren Accounts anlegen und die literarischen Figuren fiktiv interagieren lassen.

Q&A-Format

Geht es um Fragen, die man in dem sozialen Netzwerk Personen stellen kann, können Fragen zu einem Thema gestellt und bearbeitet werden. Das Format kann kreativ gestaltet werden. Die Fragen können z. B. fiktiv an den*die Wissenschaftler*in gestellt werden, der*die das im Unterricht behandelte Phänomen entdeckt hat. Ebenso sind Fragen an eine literarische Figur, an biblische oder historische Personen möglich. Auch an Künstler*innen können Fragen gerichtet werden. Bei Netzwerken zur anonymen Fragestellung können zwei Lerngruppenaccounts angelegt werden. Einer dient dem Erstellen der Fragen, der zweite dem Beantworten.

3.29 Digitale Aktionen

Durch digitale Möglichkeiten entstehen oft neue Aktionsformen bzw. Internetphänomene, die auch im Unterricht genutzt werden können.

3.29.1 *Blogparade*

Eine Blogparade ist eine Aktion einer Bloggerin oder eines Bloggers. Es wird ein Thema genannt mit der Einladung an andere Blogger*innen, einen Blogpost zu diesem Thema beizutragen. Eine Blogparade möchte Blogger*innen miteinander vernetzen und ein Thema aus vielen Perspektiven betrachten. Dies kann auch innerhalb einer Lerngruppe interessant sein. Es bieten sich Themen an, die offen sind und Freiheit in der Themeninterpretation und -gestaltung lassen. Themen könnten z. B. sein:

* Europa im Sozialkundeunterricht
* Kultur im Fremdsprachenunterricht
* Fear Of Missing Out (FOMO)/Joy Of Missing Out (JOMO) im Deutschunterricht
* Zivilcourage in Religion oder Ethik
* Contentfilter im Fach Informatik
* Alltagstauglichkeit mathematischen Wissens im Fach Mathematik
* Anthropozän im Fach Erdkunde
* Videobeweis im Fach Sport
* Nutzung der Kernenergie im Fach Physik
* Kraftstoffe im Fach Chemie
* nachhaltiger Konsum im Fach Biologie

- historische Stätte als Touristenattraktion im Fach Geschichte
- Musiker und Streamingdienste im Fach Musik
- virtuelle Museumsbesuche im Fach Bildende Kunst

Zur Umsetzung können die Schüler*innen ein gemeinsames Blog nutzen und die Posts als Gastbeitrag einstellen.

3.29.2 Booksprint

Unter einem Booksprint versteht man das Erstellen eines Buchs im Team innerhalb eines kurzen Zeitrahmens. Die Lehrperson unterstützt als Facilitator das Buchprojekt. Das Thema kann von den Schüler*innen gewählt oder von der Lehrperson innerhalb der im Unterricht zu behandelnden Themen vorgegeben werden. Der Booksprint kann an Projekttagen stattfinden, sodass das Buch in wenigen Tagen fertiggestellt werden kann. Findet das Projekt im Fachunterricht statt, muss man den Umfang entsprechend reduzieren und je nach Stundenzahl die Projektdauer auf zwei Wochen erhöhen, was die eigentliche Idee des Booksprints etwas abändert. Bei der Themenwahl oder -vergabe sollte die Lehrperson darauf achten, dass die Themen selbstständig von den Schüler*innen erarbeitet werden können und eine Einheit bilden, sodass man nicht das Arbeitsergebnis einer anderen Gruppe braucht, um darauf aufzubauen. Außerdem sollten die Themen im Schwierigkeitsgrad und Arbeitsumfang vergleichbar sein, außer man möchte ein differenziertes Angebot machen. Verwenden können die Schüler*innen Anwendungen, die kollaboratives Schreiben im Buchlayout ermöglichen. Verwenden sie Apps zum kollaborativen Erstellen eines E-Books, müssen sie darauf achten, dass alle dasselbe Papierformat wählen, da sich sonst die Teile nicht zusammenfügen lassen. Das Ergebnis kann allen als E-Book, z. B. im EPUB-Format, zur Verfügung gestellt werden. Themen können sein:
- Analysen von Aspekten einer literarischen Ganzschrift in Form von Sekundärliteratur oder Gedichtinterpretationen als Sammlung im Deutsch- oder Fremdsprachenunterricht
- eine Sammlung von Geschichten oder Gedichten, die die Schüler*innen selbst erstellt haben im Deutsch- oder Fremdsprachenunterricht
- eine Sammlung von selbst erstellten Gleichnissen im Religionsunterricht
- eine Sammlung von philosophischen Essays im Ethikunterricht
- eine Einführung in mathematische Größen im Mathematikunterricht
- Grundlagen zu Nachhaltigkeit im Fach Biologie
- eine Übersicht zu Stoffen und Stoffeigenschaften in Chemie
- Wahlthemen zu Gesetzen des elektrischen Stromkreises in Physik
- eine Einführung in globale Entwicklungen im Fach Erdkunde
- eine Einführung in die Weltpolitik nach 1945 im Fach Geschichte
- eine Einführung in demokratische Systeme im Fach Sozialkunde

- Grundlagen der Architekturanalyse im Fach Bildende Kunst
- eine Einführung in Stile der Rock- und Popmusik im Fach Musik
- Aspekte der Leistungsmotivation im Fach Sport

3.29.3 Foto-Walk

In sozialen Netzwerken, die vor allem zum Posten von Fotos dienen, finden Aktionen statt, bei denen Rundgänge organisiert werden. Bei der gemeinsamen Tour werden die individuellen Eindrücke in Fotos festgehalten und unter einem gemeinsamen Hashtag gepostet. Dies kann im Unterricht zur Fotodokumentation eines Unterrichtsgangs oder einer Lehrfahrt genutzt werden. Der Walk kann themengebunden sein. Möglich sind Rundgänge an einem Ort z. B. unter historischen, naturwissenschaftlichen, geographischen, literarischen, künstlerischen, interkulturellen oder religiösen Aspekten.

3.29.4 Hashtag-Aktion

In sozialen Netzwerken wie Mikroblogging-Diensten entstehen immer wieder Hashtag-Aktionen. Unter Verwendung eines thematischen Hashtags sollen sich möglichst viele an der Aktion beteiligen. Dies kann im Unterricht zu einer kreativen Auseinandersetzung mit Lerninhalten führen. Es kann dafür ein Lerngruppenaccount genutzt werden. Es gibt auch Open-Source-Lösungen für Mikroblogging-Dienste, sodass diese selbst gehostet und Accounts erstellt werden können, die von den Schüler*innen auf schuleigenen Geräten genutzt werden können, sodass keine personenbezogenen Daten übermittelt werden. Mögliche Hashtags könnten sein:
- #IchInDreiWorten zum Kennenlernen zu Beginn eines Schuljahres, wenn eine Lerngruppe neu zusammengesetzt ist
- #LiteraturInEmojis im Deutsch- oder Fremdsprachenunterricht; hier soll die Handlung eines literarischen Textes in Form von Emojis dargestellt werden
- #WasEffieSagt im Deutsch- oder Fremdsprachenunterricht; gepostet werden zentrale Aussagen einer literarischen Figur (im vorliegenden Beispiel Effie Briest)
- #PostenWie1990 im Fach Geschichte; hier kann aus der Perspektive von Menschen, die zu der Zeit eines historischen Prozesses oder Ereignisses gelebt haben, ein Textbeitrag gepostet werden
- #Aufschrei, z. B. in den Fächern Sozialkunde (Einschränkung von Menschenrechten), Religion (Rolle der Frau in der Kirche) oder Ethik (Urlaub in Krisengebieten), wenn ein Thema oder Ereignis zu Empörung führt
- #EineWelt zu Umweltthemen im Fach Erdkunde
- #ff im Fach Mathematik; durch eine Followempfehlung (*Follow Friday*) für eine*n berühmte*n Mathematiker*in, kann man erläutern, welche Relevanz seine*ihre mathematische Entdeckung im Alltag hat; man gibt den (fiktiven) Account des Mathe-

matikers bzw. der Mathematikerin an und die Kurzerklärung, warum man diesem Account folgen sollte

- #ChuckNorrisFacts zu der Kraft physikalischer Phänomene im Fach Physik
- #np im Fach Musik, um eine Situation zu posten, in der man das im Unterricht zu analysierende Musikstück hören würde
- #PicassoStyle im Fach Bildende Kunst; hier kann selbst ein Motiv aufgenommen werden, das durch Filterapps so verändert wird, dass es Merkmale einer bestimmten Kunstepoche oder einer Künstlerin bzw. eines Künstlers (im vorliegenden Beispiel Pablo Picasso) aufweist
- #FotosyntheseInFilmtiteln im Fach Biologie; mit diesem oder ähnlichen Hashtags können reale oder fiktive Filmtitel passend zu biologischen Prozessen gepostet werden
- #RedoxLeaks im Fach Chemie; gepostet wird hier aus der Perspektive der Entdeckung der Redox-Reaktionen

3.29.5 Memes

Memes sind – in der Erscheinungsform von Bildmakros – Bilder, denen kurze Textelemente hinzugefügt werden. Sie gehen viral durch soziale Netzwerke. Dieses Internetphänomen kann im Unterricht genutzt werden zur Förderung einer kreativen Auseinandersetzung mit Lerninhalten. Man findet im Internet Generatoren für Memes. Allerdings sollte auf die Bildrechte geachtet werden. Die Bilder stammen teilweise aus bekannten Filmen, sind Aufnahmen von aktuellen Ereignissen oder Bilder, die aus anderen Gründen häufig im Internet zu sehen sind. Die Darstellung hat einen gewissen Unterhaltungswert. Memes können in allen Fächern zu Dikussionsthemen angefertigt werden. Fachspezifisch können z. B. zu folgenden Aspekten Memes erstellt werden:

- naturwissenschaftliche Phänomene in den Fächern Biologie, Chemie und Physik
- historische Ereignisse im Fach Geschichte
- literarische Themen im Deutsch- oder Fremdsprachenunterricht
- das biblische Jesusbild im Fach Religion
- Argumentationsweisen bekannter Philosoph*innen in Anlehnung an Yoda-Memes im Fach Ethik
- Eigenschaften von Zahlen im Fach Mathematik
- Planetensystem im Fach Erdkunde
- aktuelle Themen im Fach Sozialkunde
- Doping im Fach Sport

Im Fach Bildende Kunst kann ein Gemälde statt eines Themas als Ausgangspunkt genommen werden.

Beim Einsatz von Memes sollte die Lehrperson jedoch darauf achten, dass ethische Werte nicht ins Lächerliche gezogen werden. Es eignet sich somit nicht jedes Thema für eine Umsetzung in Form von Memes.

3.29.6 Social-Media-Challenges

Immer wieder tauchen in den sozialen Netzwerken Challenges auf. Diese können ggf. im Unterricht aufgegriffen werden. So hätte die Lehrperson mit den Schüler*innen bei der Bottle Flip Challenge z. B. im Physikunterricht die optimale Befüllung der Flasche für einen perfekten Bottle Flip berechnen und dann die Erfolge filmen und posten oder auf andere Weise der Lerngruppe digital zur Verfügung stellen können. An der Planking Challenge hätten die Schüler*innen im Fach Sport an ungefährlichen, aber dennoch ungewöhnlichen Orten teilnehmen können. Die Mannequin Challenge kommt im Unterricht schon seit langer Zeit als Standbild-Methode zum Einsatz.

Diese Challenges können motivieren, da viele sich an dem Hype beteiligen möchten. Man kann eventuelle Gefahren im Unterricht thematisieren und pädagogisch-didaktisch reflektierte Mitmachmöglichkeiten nutzen. Die Schüler*innen können jedoch auch eigene Challenges im Unterricht ins Leben rufen. Die Umsetzung wird als Video oder Foto dokumentiert und, wenn eine Einverständniserklärung der Erziehungsberechtigten vorliegt, innerhalb der Lerngruppe geteilt oder öffentlich gepostet als Mitmachidee für andere.

3.30 Aufbereitung von Lerninhalten in Trendformaten

Die Schüler*innen nutzen täglich Apps und Spiele, die trenden. Diese in den Unterricht einzubeziehen, kann motivieren. Indem die Lerninhalte in den vertrauten Formaten aufbereitet werden, entsteht ein gewisser Lebensweltbezug, was situatives Lernen ermöglicht. Verwendbar machen kann man Trendformate in allen Fächern, indem man z. B. nicht die App oder das Spiel selbst nutzt, sondern nur das Format bzw. das Design.

3.30.1 Games

Die Welt, Formate, Elemente oder Figuren aus beliebten Games können genutzt werden für eine kreative Auseinandersetzung mit Lerninhalten. Die Schüler*innen können das Kartenformat von Survival-/Battle-Royale-Spielen nutzen, um Themen kreativ umzusetzen und Aspekte des Themas zu verorten. Entsprechende Kartenvorlagen findet man im Internet. Mithilfe von Bildbearbeitungsprogrammen oder Präsentationssoftware können die Kartenvorlagen individuell gestaltet werden. In den Karten können Expeditionen angelegt und Informationen zu den Fundorten eingegeben werden. Ähnlich können Location-based Games verwendet werden. Das Spielszenario wird verwendet, um Orte anzulegen, die mit Informationen verknüpft werden. Die Schüler*innen können die Fantasywelten von Games nutzen, um thematische Aspekte in Form einer Story darzustellen. Durch die Einbettung von Lerninhalten in den Kontext der Fantasywelt erfolgt ein Perspektivwechsel. Dieser fördert das Verständnis der Lerninhalte. Die Schüler*innen können Figuren aus Games nutzen, um sich kreativ mit Themen und Problemstellungen auseinanderzusetzen. So kann z. B. die Figur des Heilers, die in vielen Adventure/Role Playing Games vorkommt, gewählt werden, um mithilfe von biologischen, chemischen oder physikalischen Phänomenen Herausforderungen zu meistern. Zu ethischen und gesellschaftlichen Problemen können Handlungsalternativen eines Protagonisten aus Action und Adventure Games entworfen werden. Dies erleichtert die Durchdringung komplexer Sachverhalte.

QR 13:
Beispiel für die Nutzung eines
Location-based Games

3.30.2 Streaming-Portale

Schüler*innen hören Musik oder sehen Filme bzw. Serien über Streaming-Dienste. Das Layout der Portale lässt sich nutzen zur Präsentation von Lerninhalten. In den Portalen werden Hintergrundinformationen zu Musikstücken oder Zusammenfassungen zu Filmen bzw. Serien gegeben. In dieser Form können Themen präsentiert werden. Das Layout des Portals kann übernommen und fiktive Lieder oder Filme bzw. Serien hinzugefügt werden. Es wird zur Vorbereitung kurz skizziert, wie das Thema in einem Lied oder Film dargestellt werden kann. Danach werden eine Zusammenfassung bzw. Hintergrundinformationen zu dem fiktiven Musikstück oder Film erstellt. Die Informationen werden in der Struktur des Streaming-Portals präsentiert.

3.30.3 Online-Shops

Schüler*innen nutzen gerne Online-Shops oder Online-Marktplätze, um schnell und einfach das gewünschte Produkt zu erhalten oder sich über das Produkt zu informieren. Zu den angebotenen Produkten findet man in den Shops Produktbeschreibungen sowie Rezensionen. Diese Formate können im Unterricht genutzt werden. Produktbeschreibungen sind z. B. möglich zu:
- Produkten chemischer Reaktionen, Haushaltsreinigern oder Pflegemitteln im Fach Chemie
- Produkten aus biologischem Anbau oder Konservierungsstoffen in Produkten im Fach Biologie
- Haushaltsgeräten oder -anlagen im Fach Physik
- fair gehandelten Produkten in den Fächern Erdkunde, Religion, Ethik oder Sozialkunde

- landestypischen Produkten im Fremdsprachenunterricht
- historischen Objekten im Fach Geschichte

Im Deutschunterricht kann das Format für Gegenstandsbeschreibungen genutzt werden. Im Informatikunterricht können UML-Diagramme zu Online-Shops entworfen werden.

Rezensionen sind z. B. möglich zu:
- musikalischen Werken im Fach Musik
- Kunstwerken im Fach Bildende Kunst
- literarischen Werken im Deutsch- oder Fremdsprachenunterricht

3.30.4 Videoplattformen

Jugendliche präsentieren sich und ihre Lieblingsthemen in Videos, die auf Plattformen hochgeladen werden. Das Videoformat wird somit zur Darstellung von Themen genutzt, was auch für den Unterricht geeignet ist. Unboxing eignet sich zur Vorstellung eines Produkts sowie zur Gegenstandsbeschreibung. In Tutorials können Versuchs- und Vorgangsbeschreibungen präsentiert werden. Es gibt Video-Blogger, die auf ihrem Kanal Wissen auf unterhaltsame Art vermitteln möchten. Diese Let's-Explain-Videos können in allen Fächern für Erklärvideos genutzt werden. Let's-Explore-Videos können zur Dokumentation eines Unterrichtsgangs erstellt werden. Manche Video-Blogger kommentieren aktuelle oder allgemein gesellschaftliche Themen auf ihrem Kanal. Dieses Format kann in Fächern wie Deutsch, Ethik, Religion, Geschichte oder Sozialkunde gewählt werden. In einem Let's Play können Konstruktionen aufgezeichnet werden. Reaction/Review kann im Musikunterricht zur Besprechung von Musikstücken genutzt werden. Auf einem Lifestyle-Kanal können Produkttests oder Tipps zur Ernährung, Körperpflege und Fitness vorgestellt werden. Ein Haul kann z. B. im Fremdsprachenunterricht erstellt werden. In einem Haul werden Einkäufe präsentiert. Dies kann zur Darstellung von themenspezifischem Wortschatz (Lebensmittel, Kleidung, Schulsachen, Shopping für eine Party etc.) genutzt werden. Kleidung kann auch in einem LookBook präsentiert werden. Das Format Routine kann z. B. verwendet werden, um im Fremdsprachen- oder Deutschunterricht Alltagsabläufe zu beschreiben. Im Sportunterricht können Sportroutinen dargestellt werden. Im Biologieunterricht können Routinen von Haustieren präsentiert werden. In Hacks können z. B. naturwissenschaftliche Phänomene im Alltag erklärt werden. Es können Tipps und Empfehlungen gegeben werden, wie Biologie, Chemie, Informatik, Mathematik und Physik den Alltag leichter machen.

3.31 Wissensmanagement im Wiki

Ein Wiki ist ein Webseitensystem, in dem die Benutzer*innen Inhalte erstellen und die von anderen erstellten Inhalten lesen sowie auch bearbeiten können. Ziel ist ein Wissensmanagement nach konnektivistischem Prinzip. Man arbeitet arbeitsteilig oder direkt gemeinsam an einem Thema und ergänzt oder überarbeitet die Inhalte der anderen. Die Schüler*innen können ein bestehendes öffentliches Wiki nutzen. Es gibt darüber hinaus Projekte, die speziell für schulisches Arbeiten konzipiert und frei sowie kostenlos zu nutzen sind. Es gibt auch Open-Source-Wikis, sodass man ein Wiki selbst installieren und hosten kann. Dies ermöglicht, das Wiki nur für einen bestimmten Nutzerkreis freizugeben. Man kann demnach entscheiden, wie viel Offenheit man möchte.

Die enzyklopädische Struktur eines Wikis eignet sich für das kollaborative Zusammentragen von Wissen zu einem Thema, sodass die Schüler*innen gemeinsam selbstständig ein Thema erarbeiten und eine kollaborative Wissenskonstruktion erfolgt. Die damit verbundene Aktivierung kann z. B. bei relativ theoretischen Themen motivieren. Man kann als Lehrperson eine Grundstruktur vorgeben. Diese Orientierungshilfe erleichtert die Themenerarbeitung. Gerade wenn die Schüler*innen noch wenig Erfahrung mit selbst organisiertem sowie kollaborativem Lernen haben, kann dies die selbstständige Gestaltung der Arbeitsprozesse erleichtern und motivieren. Die Arbeit in einem Wiki bietet sich z. B. an

- zum Zusammentragen von Informationen zu einem Thema,
- für eine Sammlung von Begriffsdefinitionen zu einem Themenbereich,
- für eine gemeinsame Analyse gesellschaftlicher Themen,
- in Form eines Bücher-Wikis, in dem die Schüler*innen z. B. im Deutsch- oder Fremdsprachenunterricht Buchrezensionen verfassen. Ebenso möglich wäre auch das Erstellen einer kommentierten Buchübersicht zu bestimmten Themenbereichen.

Interessant ist, wenn die Themen so gewählt sind, dass auch folgende Jahrgänge an den Inhalten weiterarbeiten können. Ein Wiki ermöglicht zudem Vernetzung mit Lernenden über einen Klassenverband hinaus bzw. kursübergreifend. So kann z. B. mit Parallelgruppen derselben Einrichtung oder mit anderen Einrichtungen zusammengearbeitet werden. Durch die orts- und zeitunabhängige Verfügbarkeit der Inhalte ist auch eine fächervernetzende Arbeit an einem Thema möglich.

Arbeiten mehrere gleichzeitig im Wiki, empfiehlt es sich, dass die Schüler*innen im Bearbeitungsmodus nicht im kompletten Dokument aktiv sind, sondern nur den entsprechenden Abschnitt bearbeiten, um Versionskonflikte zu vermeiden.

3.32 Kollaborative Informationsaufbereitung in Blogs

Unter einem Blog versteht man eine Art digitales Tagebuch, in dem regelmäßig Einträge gepostet werden. Die Posts können persönliche Eindrücke, persönliche Kommentare oder persönliche Aufzeichnungen zu einem Thema beinhalten.

Ein Blog kann genutzt werden als Ersatz für ein Heft oder Skript, in dem regelmäßig die Unterrichtsinhalte dokumentiert werden. Dies kann arbeitsteilig erfolgen. Für jede thematische Einheit sind andere Schüler*innen zuständig.

Ein Blog kann in Form eines Fachblogs geführt werden. In diesem Fall werden Informationen zu einem Thema gepostet. Im Gegensatz zu dem Heftersatz berichten die Schüler*innen hier aus Expert*innensicht oder verbloggen eigene Erfahrungen mit dem Unterrichtsgegenstand. In beiden Fällen erfolgt ein Perspektivwechsel.

Ein Blog kann zur kreativen Informationsaufbereitung genutzt werden. Dafür können die Schüler*innen ein entsprechendes Bloggenre wählen. Sie können aus einer bestimmten Perspektive zu realen Erlebnissen bloggen. Die Erlebnisse können jedoch auch fiktiver Natur sein.

Foodblogs eignen sich für Ernährungstipps im Sachunterricht oder in den Fächern Biologie und Sport. Ein Foodblog kann auch für ein Food-Design-Projekt im Kunstunterricht genutzt werden. Food Design kann auch Thema im Biologie-, Sozialkunde- oder Ethikunterricht sein. Im Biologieunterricht kann ein Produkt fiktiv geschaffen werden unter Berücksichtigung bestimmter Inhaltsstoffe. Im Sozial- oder Ethikunterricht kann die Wirkung und Bedeutung von Food Design analysiert werden. Es können eigene Projekte entsprechend umgesetzt werden. Darüber hinaus kann ein Food-Design-Projekt im Sachunterricht durchgeführt werden. Schüler*innen kann dadurch eine gesunde Ernährung schmackhaft gemacht werden. Indem die Schüler*innen sich kreativ mit dem Thema Ernährung auseinandersetzen und eigene Produkte herstellen und gestalten, kann ein Bewusstsein dafür entwickelt werden, dass gesundes Essen auch spannend sein kann.

Ein Sportblog kann für Fitness- bzw. Trainingstipps im Sportunterricht genutzt werden. Bewegungsanalysen können auch im Physikunterricht als Informationen für Sportler*innen gepostet werden.

Ein Reiseblog kann geführt werden zur Dokumentation fiktiver Reisen im Fremdsprachenunterricht. Die Schüler*innen führen Recherchen zu einem Land oder einem Ort durch, um aus der Perspektive einer Reisebloggerin oder eines Reisebloggers von Erlebnissen an den verschiedenen Orten zu berichten. Es kann arbeitsteilig vorgegangen werden. Die Schüler*innen wählen je nach Interesse einen Ort oder einen Hotspot in einer Stadt, den sie in Form eines Blogposts vorstellen. Die Perspektivübernahme ermöglicht interkulturelle Lernerfahrungen. Ein Reiseblog kann auch zur Dokumentation von Lehrfahrten genutzt werden. Das Bloggen kann in dem Fach erfolgen, das in einem thematischen Zusammenhang mit der Lehrfahrt steht.

In einem Literaturblog können Bücher vorgestellt werden. Dies kann im Fach Deutsch genutzt werden. Die Schüler*innen können z. B. ihre Lieblingsbücher vorstellen oder Rezensionen zu im Unterricht gelesenen Büchern schreiben. Im Literaturunterricht können die Schüler*innen ein Blog auch führen aus der Perspektive einer literarischen Figur, die über ihren Alltag bloggt. Je nach Aspekten, die das Leben der literarischen Figur prägen, wählen die Schüler*innen ein entsprechendes Genre.

Musikblogs können reale oder fiktive Konzertberichte, Neuentdeckungen, News aus der Musikwelt oder Berichte über fiktive Treffen mit Musiker*innen enthalten und bieten im Musikunterricht einen kreativen Zugang zu Lerninhalten.

In Beauty Blogs werden Tipps zur Körperpflege gegeben, was im Sach- und Biologieunterricht oder in dem sozialpflegerischen Bereich von Berufsschulen einen Praxisbezug zum Thema herstellen kann.

Lifestyle Blogs können eingerichtet werden, um im Geschichtsunterricht über den Zeitgeist einer historischen Epoche zu bloggen. In Lifestyle Blogs können Lebenseinstellungen reflektiert werden. Dies kann in den Fächern Religion, Ethik oder Sozialkunde eine kreative Auseinandersetzung mit Konzepten ermöglichen.

In einem Journalistenblog werden aktuelle Ereignisse kommentiert. Dies kann im Deutsch-, Fremdsprachen-, Ethik-, Religions- oder Sozialkundeunterricht genutzt werden.

Marketingblogs dienen der Produktwerbung. Im Deutschunterricht können die Schüler*innen fiktive Werbeartikel erstellen. Im Physik- und Chemieunterricht kann für die Herstellung von Produkten geworben werden. Im Erdkundeunterricht können Angebote aus dem Bereich der Energieversorgung beworben werden. Im Religionsunterricht können die Schüler*innen Wundergeschichten kreativ aufbereiten. Der fiktive Marketingblog kann für PR-Arbeit zu einem Produkt oder zu Coachingangeboten genutzt werden. Im Biologieunterricht kann für Naturschutzprodukte geworben werden.

In Wissenschaftsblogs können die Schüler*innen Einblicke in Forschungsarbeiten in den MINT-Fächern geben.

Das Blogformat ist vielseitig einsetzbar, um gemeinsam Lerninhalte aufzuarbeiten. Zum Bloggen kann ein kostenloses, für Blogs konzipiertes Content-Management-System genutzt werden oder die Lehrperson wählt eine selbst gehostete Open-Source-Lösung.

3.33 Informationssammlung an digitalen Pinnwänden

Pinnwände dienen u. a. zum Festhalten von Informationen, Notizen und Ideen. Sie bieten eine Visualisierungsfläche für Lerninhalte und dienen einer übersichtlichen Themendarstellung. Wählt man eine digitale Pinnwand, können alle Schüler*innen gleichzeitig ihre Informationen oder Ideen hinzufügen.

Öffentlich werden Pinnwände oft genutzt für Kleinanzeigen. Digitale Pinnwände dieser Art können im Deutsch- oder Fremdsprachenunterricht in einem Schreibprojekt zum Einsatz kommen. Für eine Gegenstandsbeschreibung im Deutschunterricht können Verkaufsanzeigen entworfen werden. Dafür müssen die Objekte, die zum Verkauf angeboten werden, beschrieben werden. Im Deutsch- oder Fremdsprachenunterricht können Anzeigen für die Suche nach einem Ferienjob verfasst werden, um die Textsorte Kleinanzeigen in authentischem Rahmen handlungsorientiert zu beleuchten. Es können Jobangebote konzipiert werden. Dies kann im Fach Sozialkunde zur Darstellung von Berufsbildern genutzt werden. Im Geschichtsunterricht können fiktive Kleinanzeigen erstellt werden, die das Leben in einer bestimmten historischen Epoche widerspiegeln. Um mit der digitalen Form einen Anachronismus zu vermeiden, kann man die Anzeigen in der Form erstellen lassen, wie man die Unterkünfte, Arbeitsplätze oder Gegenstände heute beschreiben würde. Der Perspektivwechsel kann das Leben in einer anderen Zeit den Schüler*innen näherbringen.

Als Ort der Informationssammlung können die Schüler*innen eine digitale Pinnwand nutzen, um Aspekte, Dokumente und Quellenangaben zu einem Thema zusammenzutragen. An der Pinnwand können Texte, Bilder, Videos, Audiodateien oder Links angebracht werden. Dies kann als Grundlage für eine Themenbearbeitung dienen.

Digitale Pinnwände können zur Themenanalyse genutzt werden. Aspekte des Themas werden analysiert und in eine Struktur gebracht. Je nach Struktur des Themas kann arbeitsteilig vorgegangen werden. Jede Gruppe analysiert einen thematischen Teilbereich und postet die Aspekte an entsprechender Stelle.

Pinnwände können zur Projektplanung genutzt werden, indem Ideen zusammengetragen werden. Diese können bewertet und kommentiert werden. Die Posts können strukturiert bzw. zueinander in Verbindung gesetzt werden. Es kann eine Lehrfahrt geplant werden, indem die Schüler*innen Vorschläge sammeln und Informationen zu den Orten hinzufügen. Über die Like-Funktion kann eine Abstimmung erfolgen.

QR 14:
*Unterrichtsplanung zum Thema
Kleinanzeigen für eine Lerngruppe
der Klassenstufe 9*

3.34 App-Entwicklung

Es gibt Entwicklungsumgebungen, die ermöglichen, ohne Programmierkenntnisse Apps zu entwickeln. Je nach Vorkenntnissen der Lernenden kann jedoch auch ein komplexeres Set an Werkzeugen zur App-Entwicklung genutzt werden. Die Entwicklung einer App kann in jedem Fach umgesetzt werden. Dabei geht es sowohl um fachspezifische Lerninhalte als auch um Konzepte der Informatik. Folgende Apps können von den Schüler*innen z. B. entwickelt und danach auch über das Fach hinaus genutzt werden:

- Quiz-App zur Wiederholung von Lerninhalten, in allen Fächern möglich
- Vokabeltrainer für den Fremdsprachenunterricht
- App zur Fotobearbeitung im Kunstunterricht
- To-do-Liste im Informatikunterricht

Quiz-Apps können z. B. in Partner*innen- oder Gruppenarbeit entwickelt und dann mit anderen geteilt werden. Vor einer Abschlussprüfung kann z. B. jede Gruppe einen Themenbereich übernehmen, der für die Prüfung relevant ist. Je nach Konzeption, also erforderlichen Funktionalitäten und gewünschtem Design, kann jede Gruppe ihre App entwickeln und sie mit den Mitschüler*innen teilen. Quiz-Apps können auch zu Beginn oder Ende eines Schuljahres zur Wiederholung der Lerninhalte des vergangenen Jahres arbeitsteilig entwickelt werden.

3.35 Projektbasiertes Lernen

Für ein projektbasiertes Lernen wird im Team an Projekten gearbeitet, die komplexe Problemstellungen aus dem Alltag darstellen oder simulieren. Das Problem kann von der Lehrperson aufgeworfen oder von den Schüler*innen vorgeschlagen werden. Projektbasiertes Lernen fördert u. a. Lernerautonomie, Kooperation sowie problemlösendes Denken. Das Team entscheidet, wie es das Problem angeht, wie es die Situation handhaben und welche Ergebnisse es erzielen möchte. Die Arbeit kann z. B. in folgende Schritte eingeteilt werden:
- Definition des Problems sowie der Ziele
- Sammlung von Ideen zur Problemlösung
- Planung der Lösungsschritte
- Umsetzung und Kontrolle sowie ggf. Nachsteuerung der Schritte
- Präsentation sowie Evaluation des Ergebnisses und der Vorgehensweise

Die Nutzung digitaler Medien erleichtert eine Kooperation auch in größeren Gruppen, die selbstständige Recherche, die Organisation sowie Dokumentation der Arbeitsprozesse und das Festhalten der Ergebnisse. Nicht nur das Projektergebnis wird digital veröffentlicht, sondern es werden auch die Arbeitsprozesse digital organisiert und damit für alle sichtbar gemacht. Alle haben jederzeit Einblick in den aktuellen Projektstand bzw. -fortschritt, was hilfreich ist für eine Evaluation der Teilschritte. In digitaler Form sind die Projektergebnisse direkt archiviert und stehen allen auch noch nach Projektabschluss zur Verfügung. Für die Arbeit am Projekt können unterschiedliche Anwendungen genutzt werden, z. B.:
- *Projektmanagementanwendung:* Es gibt webbasierte Projektmanagementanwendungen, die speziell für das kollaborative Arbeiten an einem Projekt konzipiert sind. Dafür stehen Features wie ein Kalender für Terminabsprachen, Listen, z. B. für die Zuweisung und das Erledigen von Aufgaben, Mindmaps für Ideensammlungen, di-

gitale Haftzettel für Notizen, Chats für Absprachen sowie ein kollaborativer Arbeitsbereich für das Erstellen der Projektergebnisse zur Verfügung.

- *Wiki:* Im Wiki können die Projektinhalte strukturiert und gemeinsam editiert werden. Über die Kommentarfunktion kann ein Austausch erfolgen über die Organisation sowie inhaltliche Gestaltung. Es empfiehlt sich für ein effektives Arbeiten, wenn zu bestimmten Zeitpunkten Zwischenergebnisse evaluiert und gemeinsame Ziele formuliert werden.

3.36 Working Out Loud

Eine kollaborative Auffassung der Gestaltung von Arbeitsprozessen, die das Potenzial digitaler Medien nutzt, stellt Working Out Loud (WOL) dar. Es geht darum, Arbeitsprozesse transparent zu machen, sich zu vernetzen und gemeinsam nach Wegen zu suchen. Lernen erfolgt nach konnektivistischem Prinzip. Arbeitsprozesse werden effektiver, wenn man gemeinsam Ideen entwickelt und Wege findet, da man diese alleine nicht in dieser Vielfalt und in diesem Umfang entdecken würde. Hierbei ist eine Veränderung der Lern- und Fehlerkultur nötig. Arbeitsprozesse werden von Anfang an digital sichtbar gemacht. Dabei kann entschieden werden, ob die Arbeitsprozesse nur für eine geschlossene Gruppe oder öffentlich im Netz zugänglich sind. Die Schüler*innen wählen sich zur Bearbeitung eines Themas Lernpartner*innen, mit denen sie zusammenarbeiten, die Vorgehensweise immer wieder reflektieren und ggf. verändern. Lernwege sichtbar zu machen, kostet Überwindung und bedarf eines Wandels in der Fehlerkultur. Fehler dürfen nicht mehr als Defizit gesehen werden, sondern stellen eine Etappe auf einem noch nicht abgeschlossenen Lernweg dar. Fehler stören nicht, sondern können wertvolle Impulse zur Reflexion geben und den Arbeitsfortschritt vorantreiben. Fehler sind Zeichen eines Denkprozesses, gehören zu dem Lernprozess und zeigen nur, dass der Weg noch nicht ganz zielführend ist und man weiter daran arbeiten muss, sind aber kein persönlicher Makel, sondern gehören zu einer Lösungsfindung. Auch müssen die Schüler*innen lernen, mit Kritik angemessen umzugehen, denn es handelt sich nicht um Kritik an der eigenen Person, sondern um Vorschläge und gemeinsame Überlegungen, wie man einen Lernweg optimieren kann. Und die Schüler*innen müssen bereit sein, effektivere alternative Wege anzunehmen. Die Schüler*innen müssen jedoch nicht nur lernen, Anmerkungen zu bzw. Evaluation von den Arbeitswegen anzunehmen, sondern auch Anmerkungen zur Arbeit anderer konstruktiv zu gestalten.

Geeignet sind offene Unterrichtsformen, die Freiheit lassen, individuelle Lernwege zu gehen. Ansätze wie Challenge Based Learning bzw. projektbasiertes Lernen, agile Methoden, Frei- oder Wochenplanarbeit erfordern, Lernprozesse selbst zu organisieren.

Digital gestalten können die Schüler*innen dies z.B. durch Nutzung eines Wikis. Ebenfalls gewählt werden könnte ein Blog. Hier könnten die Schüler*innen gemeinsam ihre Ideen dokumentieren. Über die Kommentarfunktion könnten sie die Arbeitsergebnisse reflektieren und ggf. erweitern, sodass eine Überarbeitung des Blogposts erfolgen kann. Auch hier gibt es Möglichkeiten, den Zugang über Passwort einzuschränken. Ein Lernmanagementsystem mit kollaborativ nutzbarem Texteditor sowie integriertem Work Chat kann ebenfalls zur Dokumentation und Zusammenarbeit genutzt werden. Ähnlich genutzt werden können auch Anwendungen zum Projektmanagement. Hier sind darüber hinaus z. B. Werkzeuge zur zeitlichen Planung integriert. Da WOL eine Sichtbarmachung von Arbeitsprozessen bedeutet, muss jeweils mit der Gruppe sowie bei noch nicht volljährigen Schüler*innen mit den Erziehungsberechtigten besprochen werden, wie weit man Arbeitsergebnisse für andere öffnet.

Der Ansatz Working Out Loud stellt unabhängig von dem Grad der Öffnung eine Möglichkeit dar, die Gestaltung von Lernprozessen bewusster zu machen, die Stärken der Lerngemeinschaft und das Potenzial digitaler Möglichkeiten effektiv zu nutzen und insgesamt ein offeneres Verständnis von Lernen hervorzubringen, bei dem individuelle Lernwege auch mit Umwegen gegangen werden können, dabei kreatives Potenzial freigesetzt und kritisches Denken gefördert wird. Dies macht Lernen nachhaltiger als bei Vorgehensweisen, die nur ein Folgen gelenkter Lösungswege erlauben. Darüber hinaus können Schüler*innen Kompetenzen erwerben bzw. erweitern, um eigenständig und gleichzeitig vernetzt in einer Lerngemeinschaft Lern- bzw. Arbeitsprozesse erfolgreich zu gestalten.

3.37 Peer Correction/Peer Evaluation

Peer Correction und Peer Evaluation fördern die Interaktion zwischen Schüler*innen in Auswertungs- bzw. Feedbackphasen. Im Austausch über Arbeitsprozesse und -ergebnisse wird kooperatives Lernen möglich. Digitale Anwendungen ermöglichen, dass auch in großen Lerngruppen alle jederzeit und gleichzeitig Einblick in die Arbeitsprozesse der anderen haben. Kollaborative Anwendungen wie Etherpad oder eine kollaborativ nutzbare Textverarbeitungsanwendung mit Work Chat ermöglichen, dass alle zeitgleich verfolgen können, was eingetragen wird oder einsehen können, was eingetragen wurde. Dies kann zur Peer Correction oder Peer Evaluation genutzt werden.

Peer Correction

Bei der Peer Correction sehen Schüler*innen die Arbeitsergebnisse von Mitschüler*innen durch und machen ggf. Änderungsvorschläge. Dies kann durch direkte Eingabe im Dokument oder durch Anmerkungen im Work Chat erfolgen. Im Work Chat können die Vorschläge diskutiert werden. Man kann das Dokument allgemein überprüfen oder das Arbeitsergebnis nach bestimmten Kriterien betrachten. Wird das Dokument arbeitsteilig nach jeweils einem bestimmten Kriterium durchgesehen, kann eine Checkliste mit häufig auftretenden Problemen genutzt werden. Jede*r Schüler*in wählt einen Problembereich, der bei der Durchsicht fokussiert wird. In diesem Fall bearbeiten mehrere Schüler*innen als Expert*innen für je einen Prüfaspekt den Text.

Peer Evaluation

Bei der Peer Evaluation wird Mitschüler*innen Feedback zu dem Arbeitsprozess und -ergebnis gegeben. Dies kann auf unterschiedliche Weise geschehen:

- *Kriteriengeleitetes Feedback:* Es können Kriterien vorgegeben oder gemeinsam festgelegt werden, nach denen Schüler*innen ihren Mitschüler*innen Feedback zu ihren Arbeitsergebnissen geben können. Die Kriterien sollten vor Beginn der Arbeit bekannt sein, damit diese im Arbeitsprozess berücksichtigt werden können, da sie Orientierungshilfen bieten. Digital stehen diese Kriterien jederzeit allen zur Verfügung. Für das Feedback können die Schüler*innen eine Evaluation als Freitext geben oder den bearbeiteten Evaluationsbogen dem Dokument hinzufügen. Jede*r kann danach sein*ihr eigenes Arbeitsergebnis überarbeiten. Kriterien können z. B. sein, ob der Text informativ ist, ob eine vorgegebene Struktur eingehalten wurde, ob ein erstellter Lösungsweg logisch erscheint oder ob eine Argumentation überzeugend ist.
- *Komplimentefeedback:* Zur einfacheren Einsicht und besseren Lesbarkeit liegen die zu evaluierenden Dokumente in digitaler Form vor. Für das Feedback werden die Arbeitsergebnisse aller oder einer bestimmten Gruppe durchgelesen und entschieden, wer bestimmte Kriterien am besten erfüllt hat. Es können Komplimente vorgegeben oder zuerst gemeinsam festgelegt werden. Mit einem entsprechenden Emoji kann die Wertung abgegeben werden.
- *Stärken-Schwächen-Analyse:* Bei der Stärken-Schwächen-Analyse wird das Arbeitsergebnis von Mitschüler*innen durchgesehen und es werden Vorschläge gemacht, was man verändern könnte sowie hinzugefügt, was gut gelungen ist. Dieses Feedback kann für die Überarbeitung und/oder für zukünftige Projekte genutzt werden.

4. Inklusives Lernen

4.1 Didaktische Aspekte

Jede*r Schüler*in ist ein Individuum mit seiner*ihrer eigenen Persönlichkeit, individuellen Lernvoraussetzungen, persönlichen Interessen, seiner*ihrer individuellen Motivationslage und Tagesform. Und jede*r Schüler*in hat das Recht auf individuelle Förderung sowie ein Lernen in und mit einer Gemeinschaft. Digitale Medien sind multimedial und besitzen daher eine inklusive Qualität. Informationen können in Text-, Bild- und/oder Tonform aufgenommen werden. Gearbeitet werden kann über eine Tastatur, mithilfe eines Stiftes, mit der Hand, über Spracheingabe oder über Eye-Tracking. Assistive Technologien und barrierefrei gestaltete Lernangebote ermöglichen, dass alle Schüler*innen mit ihren individuellen Lernvoraussetzungen eine passende Arbeitsform finden. Neben der Arbeitsweise werden auch die Lernangebote offen konzipiert und bieten unterschiedliche Zugänge zu den Lerninhalten. Lernangebote können multimediale Inhalte sowie interaktive Aktivitäten mit automatischer Evaluierung umfassen. Hilfsangebote stehen durch Zugriff auf das Internet und entsprechende Apps individuell zur Verfügung. Dadurch können die Lernenden je nach präferiertem Eingangskanal und nach Interessensschwerpunkten in ihrer individuellen Arbeitsweise ihre Lernprozesse selbst gestalten, sodass alle aktiviert werden und die individuelle Lernentwicklung unterstützt wird.

4.2 Berücksichtigung der Motivationslage und Tagesform

Kann man bei organisch bedingten Gegebenheiten Unterricht entsprechend organisieren, so kann man die aktuelle Motivationslage bzw. Tagesform der Schüler*innen kaum im Voraus planen. Hier hilft eine Individualisierung des Lernangebots, das Schüler*innen je nach Bedarf Rückzugsmöglichkeiten bietet, z. B. durch Einzelarbeit an einem Thema der Wahl in einem weiten thematischen Rahmen. Durch die Möglichkeit der selbstständigen Recherche bzw. Informationsaufnahme und der Wahl der Art der Informationsaufbereitung (s. Kap. 2.1.4) kann auf unvorhersehbare Ereignisse, die Lernprozesse beeinflussen, angemessen reagiert und ein erfolgreiches Lernen auch unter schwierigen Bedingungen ermöglicht werden. Zudem hat die Lehrperson während individualisierten Unterrichtsphasen Zeit, sich um einzelne Schüler*innen und ihre Anliegen oder Probleme zu kümmern.

4.3 Möglichkeiten bei Beeinträchtigung der Sehfähigkeit

Werden das Unterrichtsmaterial und die im Unterricht erarbeiteten Inhalte digital zur Verfügung gestellt, gibt es viele Möglichkeiten für barrierefreies Arbeiten. Bei Beeinträchtigung der Sehfähigkeit kann ein Screenreader genutzt werden, um die Informationen einer grafischen Benutzeroberfläche in nicht-visueller Form bereitzustellen. Durch Farb- sowie Kontrastanpassung, die Auswahl kontrastreicher Schriftarten sowie die Aktivierung der Zoomfunktion bzw. einer entsprechenden Einstellung der Schriftgröße können Texte einfacher zu lesen sein. Daneben kann die Vorlesefunktion oder der Anschluss einer Braillezeile das Erfassen von schriftlichen Texten ermöglichen.

Erstellt man für die Lerngruppe Dokumente in digitaler Form, müssen die Bildelemente beschrieben werden, damit sie von einem Screenreader erfasst werden. Bei Textverarbeitungsprogrammen sowie Präsentationssoftware gibt man dafür bei der Bildformatierung einen Alternativtext ein. Sind Textteile in unterschiedlicher Sprache in dem Dokument enthalten, definiert man die Abschnitte in der entsprechenden Sprache, damit die Sprachausgabe in verständlicher Form erfolgt. Verwendet man Abkürzungen, kann man die vollständige Version als Querverweis hinzufügen, damit diese von dem Text-to-Speech-System entsprechend umgewandelt wird. Ob das Dokument barrierefrei erstellt wurde, kann man mit der Überprüfen-Funktion kontrollieren. Sind gewisse Einstellungen noch nicht optimal, wird dies mit entsprechenden Hinweisen angezeigt. Auch können selbst angefertigte 3D-Modelle aus dem 3D-Drucker helfen, dass Lerninhalte anschaulich und begreifbar werden. Man kann Austauschplattformen nutzen, die Vorlagen für den Druck bereitstellen.

Erstellen die Lernenden Dokumente, ermöglicht die Diktierfunktion oder die Nutzung einer Brailletastatur, schriftliche Texte durch Spracheingabe bzw. über Eingabe von Punktschrift zu erstellen. Dadurch kann auch bei Partner*innen- oder Gruppenarbeit an einem Dokument mitgearbeitet werden.

4.4 Möglichkeiten bei Beeinträchtigung der Hörfähigkeit

Bei Beeinträchtigung des Hörvermögens können die Schüler*innen am Unterrichtsgespräch teilnehmen, indem eine App genutzt wird, die Sprache in Text umwandelt. Es gibt Apps, die zuverlässig auch bei mehreren Gesprächspartner*innen transkribieren. Die Transkription kann gespeichert werden, sodass noch einmal nachgelesen werden kann, wenn der Informationsaustausch recht schnell verlief.

Werden Hördokumente im Unterricht eingesetzt, kann durch die individuelle Verfügbarkeit des Hördokumentes der Verstehensprozess unterstützt werden. Wenn der*die Schüler*in das Dokument auf seinem*ihrem Gerät hat, kann er*sie entscheiden, wie oft das Audiodokument abgespielt werden soll, um sich den Inhalt zu erschließen. Die Lautstärkeregelung kann individuell eingestellt werden. Durch das Aktivieren von Audio-Mono und einer entsprechenden Einstellung der Audio-Balance kann die auditive Ausgabe an das eigene Hörverhalten angepasst werden. Zudem kann ein Hörgerät mit dem mobilen Gerät gekoppelt werden, sodass der Ton an das Hörgerät geleitet wird. Video- oder Audio-Plattformen bieten die Möglichkeit, Untertitel zu den Dokumenten zu generieren bzw. anzuzeigen.

4.5 Möglichkeiten bei motorischen Beeinträchtigungen

Bei körperlichen bzw. motorischen Beeinträchtigungen, die Bewegungsvorgänge betreffen, kann die Diktierfunktion genutzt werden, um schriftlich zu erstellende Arbeitsprodukte anzufertigen. Dadurch ist eine Mitarbeit an Unterrichtsprojekten möglich. Mit der Funktion AssistiveTouch können Multitouch-Gesten an mobilen Geräten vereinfacht werden.

Bei sensorischen Störungen kann durch den aktivierten geführten Zugriff die App-auswahl reduziert und die Auswahl somit erleichtert werden. Es gibt zudem mobile Geräte und Anwendungen, die eine Steuerung über Sprache, Kopfbewegungen oder Eye-Tracking ermöglichen. Erstellen die Schüler*innen im Unterricht kreative digitale Produkte, kann Software genutzt werden, die per Eye-Tracking gesteuert wird.

Ist die Lautsprache beeinträchtigt, können Apps mit individualisierbaren Symbolseiten die Kommunikation unterstützen. Mithilfe der Symbolauswahl kann auf Personen oder Sachen verwiesen und es können abstrakte Begriffe und grammatische Bezüge zum Ausdruck gebracht werden. Die Symbole sind mit oder ohne Audiausgabe auswählbar. Für die Unterstützte Kommunikation können die Schüler*innen auch schriftbasierte AAC-Apps nutzen. Die App verleiht dem eingegebenen Text eine natürlich klingende Stimme. Um den Gesprächsfluss nicht zu unterbrechen, ergänzen die Apps Wortanfänge, schlagen aus einer Favoritenliste Wörter vor und ermöglichen einen Schnellzugriff auf häufig verwendete Wortkombinationen.

4.6 Möglichkeiten bei einer Autismus-Spektrum-Störung

Digitale Kommunikation erleichtert Schüler*innen mit Autismus-Spektrum-Störung die Beteiligung am Unterrichtsgeschehen, da ein direkter sozialer Austausch schwerfällt. Der geführte Zugriff auf digitale Anwendungen hilft, den Fokus auf die Aktivität zu lenken und den Arbeitsprozess zu organisieren. Vielen Schüler*innen mit einer Autismus-Spektrum-Störung hilft eine Visualisierung der Informationen. Diese kann digital individuell zur Verfügung gestellt werden. Angaben zu Aktivitäten, wie die zur Verfügung stehende Zeit oder Art der Bearbeitung, können anhand von Symbolen in visueller Form dargestellt werden. Entsprechend konzipierte Videos können statt Sachtexten zum Einsatz kommen. Im Netz findet man auch z. B. Märchen in Comicform oder anhand von Bildern visualisiert. Eine Reizüberflutung und dadurch erzeugter Stress können durch eine Individualisierung von Lernangeboten, die Rückzugsmöglichkeiten bieten, vermieden werden. Hierbei kann die Aktivität nach Wahl in Einzelarbeit in einer Sitzecke durchgeführt werden. Zur Entspannung kann auch über Kopfhörer Musik gehört werden, was dem Gefühl der Überlastung entgegenwirkt. Ist die Autismus-Spektrum-Störung verbunden mit motorischen Beeinträchtigungen, können digitale statt handschriftlicher Mitschriften gewählt werden (weitere Möglichkeiten s. Kap. 4.5).

4.7 Möglichkeiten bei Aufmerksamkeitsbeeinträchtigungen bzw. Hyperaktivität

Fällt es Schüler*innen schwer, sich auf eine Aktivität zu konzentrieren, kann die Lehrperson mit der Funktion Geführter Zugriff bei mobilen Geräten das Angebot an Anwendungen reduzieren bzw. auf eine App beschränken. Die Lehrperson kann das Lernangebot individualisieren, indem sie die Einheit in kleine Lernsnacks zerlegt, da eine Konzentration auf eine Aktivität über einen längeren Zeitraum schwerfällt. Es gibt Anwendungen, mit denen sich spielerisch kurze Lernerfolgskontrollen mit direktem Feedback durchführen lassen (s. Kap. 5.3). Da bei Hyperaktivität oft das Bedürfnis besteht, Gedanken direkt mitzuteilen, kann man dies ebenfalls digital organisieren, indem diese z. B. über Backchannel-Apps oder auf einer digitalen Pinnwand festgehalten werden. Die Ideen können zum gegebenen Zeitpunkt individuell oder im Plenum besprochen werden.

4.8 Möglichkeiten bei noch fehlenden Sprachkenntnissen

Schüler*innen, deren Muttersprache nicht Deutsch ist, können bei digital zur Verfügung gestellten Materialien bzw. bei Nutzung digitaler Geräte unter Einstellungen ihre Sprache auswählen und somit alle Anwendungen auch ohne Deutschkenntnisse nutzen. Websites können automatisch übersetzt werden. Für andere Dokumente oder auch zur mündlichen Kommunikation können die Schüler*innen digitale Übersetzungshilfen bzw. -dienste nutzen. Es ist ebenfalls möglich, Texte zu fotografieren und das Bild zur Übersetzung hochzuladen. Darüber hinaus bieten digitale Übersetzungsdienste die Möglichkeit, die Information einzusprechen und die Übersetzung in der gewünschten Sprache anzuzeigen. Arbeitsergebnisse können in der Muttersprache eingegeben und unter Verwendung eines Übersetzungsdienstes in die deutsche Sprache übersetzt werden. So können auch Schüler*innen ohne Deutschkenntnisse direkt am Unterricht teilhaben.

4.9 Möglichkeiten bei Beeinträchtigung des Textverstehens

Manchen Schüler*innen fällt es aus unterschiedlichen Gründen schwer, den Inhalt komplexer Texte zu erschließen. In diesem Fall können digitale Angebote in leichter bzw. einfacher Sprache genutzt werden. Dadurch bleibt eine selbstständige Informationsrecherche möglich und die Lernendenautonomie gewahrt. Auch eine entsprechende typografische Textgestaltung (gerade Schriftart, hohe Schriftgröße, linksbündige Anordnung, weiter Zeilenabstand etc.) unterstützt den Leseprozess. Dies lässt sich bei digitalen Dokument entsprechend einstellen bzw. verändern. Inhalte können digital zudem visualisiert angeboten werden, was ebenfalls die Informationsaufnahme erleichtert.

4.10 Möglichkeiten bei Dyslexie

Bei Dyslexie können Schwierigkeiten mit dem Lesen oder Schreiben auftreten. Digitale Medien bieten Hilfen für individuelle Anpassungen. Fällt es schwer, die Richtung von Buchstaben zu unterscheiden, kann eine entsprechende Schriftwahl das Lesen erleichtern. Serifenlose Schriftarten, die Buchstaben im unteren Bereich ein höheres Gewicht geben, verleihen den Buchstaben eine eindeutige Form. Eine Erweiterung des Abstands zwischen Buchstaben, Wörtern und Zeilen kann den Leseprozess ebenfalls unterstützen. Die Schüler*innen können auch die Vorlesefunktion wählen, um eine Sprachausgabe zu erstellen. Für die Textproduktion können sie die Diktierfunktion nutzen. Die Autokorrektur kann helfen, die Texteingabe zu überarbeiten. Vorschläge für die Schreibweise können zudem übernommen werden.

4.11 Inklusive Lernangebote

Damit Schüler*innen unabhängig von ihrer Tagesform und ihren Lernvoraussetzungen zusammenarbeiten können, sind offene, individualisierte Lernangebote, barrierefreie Lernmanagementsysteme sowie multimediale Lernumgebungen wichtig. Die Schüler*innen können wählen, in welchem Eingangskanal sie Informationen aufnehmen und in welcher Art sie Informationen verarbeiten und für sich oder die Lerngruppe aufbereiten. Ebenfalls können sie entscheiden, in welcher Sozialform sie arbeiten wollen.

Informationsaufnahme

Digitale Medien helfen, Lernräume inklusiv bzw. barrierefrei zu gestalten. Werden Informationen zu einem Thema recherchiert, hilft die Multimedialität von Websites und Apps. Bei der Informationsaufnahme können die Schüler*innen je nach Bedarf und bevorzugtem Informationskanal entsprechende digitale Informationsquellen wählen.

Sie können die Informationen in Text-, Bild- und/oder Audioformat aufnehmen. Bei dem Textformat gibt es wiederum Optionen zur Individualisierung. Die Schüler*innen können Angebote in leichter Sprache nutzen. Eine Braillezeile stellt den Text in Brailleschrift dar. Die Lehrperson kann darauf achten, dass die Informationsdarbietung reizarm gehalten ist. Für Webseiten können die Schüler*innen einen Reader verwenden, der nur den Textteil anzeigt. Zur besseren Lesbarkeit kann die Zoom- bzw. die Lupenfunktion genutzt oder die Schriftgröße in den Einstellungen entsprechend verändert werden. Für eine bessere Ansicht auf dem Display kann eine Anpassung durch Wahl von Farbfiltern und Veränderung der Farbwerte erfolgen. Es kann ein Screenreader zum Einsatz kommen. Bei literarischen Texten können die Schüler*innen je nach Verfügbarkeit auf die Hörbuchfassung zurückgreifen. Bei Audio- oder Videoformaten können sie die Anzeige von Untertiteln aktivieren. Bei den Angeboten kann eingestellt werden, in welcher Sprache die Informationen vorliegen sollen. Dadurch haben alle Zugang zu den gewünschten Informationen.

Informationsverarbeitung und -aufbereitung

Smartphones und Tablets ermöglichen durch den Multi-Touch-Screen, die integrierten Komponenten wie Mikrofon und Lautsprecher, angebotenes Zubehör (Brailletastatur, Joystick, Trackball-Maus etc.) und assistive Technologie individuelle Wege der Informationsverarbeitung und -aufbereitung. Eine Texteingabe kann über eine Standard- oder Brailletastatur, mit dem Finger, mithilfe eines Stifts oder der Diktierfunktion erfolgen. Eingaben können gesteuert werden über Eye-Tracking, über eine Schaltersteuerung oder über die Stimme. Ein geführter Zugriff kann helfen, die Auswahl der Apps zu reduzieren und die Bedienung damit zu erleichtern sowie eine Reizüberflutung zu vermeiden. Durch AssistiveTouch können Gesten angepasst werden, was ebenfalls die Bedienung erleichtert. Aktiviert man die Funktion, dass die Eingabe vorgelesen wird, kann man jederzeit, während man schreibt, kontrollieren, ob die Eingabe in gewünschter Weise erfolgt. Die Schüler*innen können wählen, ob sie die Informationen in Text- oder Bildform aufbereiten. Digitale Medien ermöglichen eine Individualisierung der Informationsverarbeitung sowie -aufbereitung und damit eine Partizipation am Informationsaustausch.

Zusammenarbeit

Ob im Plenumsgespräch, bei einer Zusammenarbeit in Gruppen oder mit einem*r Lernpartner*in, auch hier können digitale Medien helfen, dass sich alle beteiligen können. Hörhilfen können mit dem Smartphone oder Tablet verbunden werden. Das integrierte Mikrofon verstärkt akustische Signale. Es können digitale Übertragungsanlagen genutzt werden, die akustische Signale verstärken. Zur unterstützten Kommunikation können die Schüler*innen Chatapps verwenden, die aus über Touchgesten ausgewählten Elementen Text generieren, der mit anderen geteilt oder vorgelesen werden kann. Alternativ können die Schüler*innen AAC-Apps verwenden, die Kommunikationstafeln zur Verfügung stellen, aus denen sie in der Unterhaltung die entsprechenden Symbole auswählen. Auch hier ist eine Sprachausgabe möglich. Benötigen die Schüler*innen Übersetzungshilfen, so können Echtzeit-Übersetzungsfunktionen helfen. Eine Möglichkeit besteht darin, dass der*die Schüler*in und die Lehrperson oder ein*e Lernpartner*in jeweils einen In-Ear-Kopfhörer tragen, der mit einer App gekoppelt ist. Beiden wird dann in der jeweiligen Sprache der Beitrag der Kommunikationspartnerin bzw. des Kommunikationspartners übersetzt. Findet die Kommunikation zwischen mehr als zwei Personen statt, kann man ein Headset wählen, dass in Echtzeit die Unterhaltung übersetzt. Für die eigenen Mitteilungen verwendet der*die Schüler*in eine Übersetzungsapp. Fällt es Schüler*innen im Plenumsgespräch schwer, Sprecherwechsel abzuwarten oder sich im Plenum zu äußern, können Backchannel-Apps verwendet werden. Die Eingaben werden in das Plenumsgespräch integriert. Es gibt viele technische Möglichkeiten, die die gemeinsame Kommunikation erleichtern.

5. Gamebasiertes und gamifiziertes Lernen

5.1 Didaktische Aspekte

Digitale Spiele gehören zur Lebenswelt vieler Schüler*innen. Neben diesem motivationalen Aspekt bieten Games ein hohes Potenzial für einen Wissens- und Kompetenzzuwachs. Während gamebasiertes Lernen auf Spielen basiert, werden beim gamifizierten Lernen spielerische Elemente in Lernsettings integriert.

Digitale Medien ermöglichen die Integration von Entertainment sowie Serious Games in Lernsettings. Games können strategisches sowie problemlösendes Denken fördern und entdeckendes Lernen ermöglichen. In Multiplayer-Games können gemeinsam Strategien entwickelt werden. Open-World-Spiele lassen zudem viel Freiraum für kreative Prozesse. Mit digitalen Spielen lassen sich demnach die im 4K-Modell für ein Lernen in einer digital geprägten Gesellschaft erforderlichen Kompetenzen Kritisches Denken, Kreativität, Kollaboration sowie Kommunikation fördern. Zudem lassen sich noch nicht erreichte Ziele positiv umattribuieren, da sie im Spiel nicht als Misserfolg, sondern als Herausforderung gesehen werden. So können Frusterfahrungen reduziert werden, was zu höherem Lernerfolg führt.

Des Weiteren gibt es viele Anwendungen zur Gamifizierung von Lerninhalten, was u. a. zur Individualisierung von Lernprozessen beitragen kann. Durch direktes Feedback ist Selbstevaluation möglich. Die Stufung im Anforderungsniveau von niedrigem Einstiegslevel zu immer komplexer werdenden Aufgaben personalisiert die spielerischen Lernangebote. Die Motivation, Bestzeiten und Highscores zu verbessern, führt dazu, dass die Schüler*innen die Lernangebote mehrmals durchspielen, was Lernanstrengungen vergessen lässt und gleichzeitig nachhaltiges Lernen fördert.

5.2 Pädagogisches Zocken

Kinder entdecken spielend die Welt und auch bei Jugendlichen und Erwachsenen behalten Spiele ihre Faszination. Es können bekannte Entertainment Games oder auch Serious Games genutzt werden.

5.2.1 Entertainment Games

Entertainment Games sind digitale Spiele, bei denen der Fokus auf Unterhaltung liegt. Auch wenn der Funfaktor im Vordergrund steht, basieren Games auf einem Storyboard, das eventuell auch für Lernsettings interessant ist. Bestimmte Arten und Genres sind dabei besonders für den Einsatz im Unterricht geeignet. Bei der Auswahl ist auf die Altersempfehlung (USK) zu achten. Games können jedoch nicht nur Lernprozesse unterstützen, sondern sie können auch selbst Gegenstand des Unterrichts sein. Vor allem Role Playing Games (s. Unterkapitel im Folgendem) können im Hinblick auf Medienethik in Fächern wie Deutsch, Fremdsprachen, Religion, Ethik, Geschichte, Sozialkunde/Politik analysiert sowie evaluiert werden. Zu vielen Games gibt es Soundtracks, die im Musikunterricht in Bezug auf das Spiel analysiert werden können. Im Kunstunterricht können die Schüler*innen das Game- oder das Grafik-Design evaluieren, um Games als Kunstform wahrzunehmen und näher zu betrachten.

Open World Games

Zu den Open World Games gehören viele Genres. Open World Games sind nicht levelbasiert, sondern die Spieler*innen können frei Welten erkunden und selbst gestalten. Oft sind diese Games im Multiplayermodus spielbar und fördern dann in besonderem Maße die 4K – Kritisches Denken, Kreativität, Kollaboration, Kommunikation –, die als Schlüsselkompetenzen des 21. Jahrhunderts angesehen werden. Kreativität wird benötigt zur Gestaltung der Welten. Im Multiplayermodus werden diese Welten gemeinsam gestaltet, sodass Kollaboration nötig ist. Die Spieler*innen müssen Absprachen treffen, was die Kommunikation im Team fördert. Kritisches wie strategisches und problemlösendes Denken werden gefördert, da die Spieler*innen die Gestaltung immer wieder reflektieren und ggf. verändern müssen, um gemeinsame Ziele zu erreichen. Die Elemente in den virtuellen Welten können animiert werden. Die Schüler*innen können die Animationen über Screen Recording aufnehmen und das Video vertonen. Das Gestalten von virtuellen Welten bietet sich in jedem Fach an, z. B. (s. auch Kap. 3.25):

- Architektur im Fach Bildende Kunst
- Ökosysteme im Fach Biologie
- Szenen aus einer literarischen Ganzschrift im Deutsch- und Fremdsprachenunterricht
- Stadtbaugeschichte im Fach Geschichte
- Werkstoffe im Fach Chemie
- Stadtmodelle im Fach Erdkunde
- Wirtschaftssimulationen im Fach Sozialkunde
- Messen – maßstabsgetreue Darstellung im Fach Mathematik
- Animationen für ein Musikvideo im Fach Musik
- Schaltkreise im Fach Physik
- Gemeinde im Fach Religion
- Mythen im Fach Ethik
- Skriptsprachen im Fach Informatik

Die Schüler*innen können für die Spiele entsprechende Webanwendungen und mobile Apps nutzen. Im Fach Informatik wäre auch denkbar, einen eigenen Server einzurichten und eine Open-Source-Version zu installieren sowie eigene Mods zu erstellen.

Adventure Games

Adventure Games sind eine Kombination aus Spiel und Erzählung und basieren oft auf historischen Gegebenheiten, die die Schüler*innen im Unterricht spielerisch erkunden können. In vielen Fällen sind die Games angelegt wie eine Initiationsreise, bei der Entscheidungen getroffen werden müssen, die den Charakter stärken oder schwächen. Dies fördert strategisches sowie problemlösendes Denken. Bei Textadventures wird zudem die Weiterentwicklung der Lesekompetenz gefördert, da das Abenteuer und die zu bewältigenden Aufgaben in Textform präsentiert werden. Manche Adventure Games sind als Gegenstand des Literaturunterrichts geeignet und können zu literarischem Lernen eingesetzt werden. Teilweise stehen die Games in verschiedenen Sprachen zur Verfügung, wodurch der Einsatz im Fremdsprachenunterricht interessant wird. Historische Adventure Games ermöglichen im Geschichtsunterricht neue Lernerfahrungen. Viele Adventure Games erfordern Spieler-Entscheidungen und eignen sich daher für den Ethik- oder Religionsunterricht. Schüler*innen können zudem selbst Adventure Games entwerfen. Zum Erstellen z. B. von Textadventures gibt es kostenlose Webanwendungen, die einfach in der Handhabung sind und keine Programmierkenntnisse erfordern. Textadventures können erstellt werden z. B.:

- zu Abenteuern von Lehrwerksfiguren im Fremdsprachenunterricht,
- als Fantasy Adventure im Deutschunterricht,
- als Mittelalter Adventure im Geschichtsunterricht,
- als Logik Adventure im Mathematikunterricht,
- als Abenteuer durch das Immunsystem im Fach Biologie,
- als Umwelt Adventure im Chemieunterricht,
- als Abenteuer durch die Radioaktivität im Physikunterricht,
- als Klima Adventure im Fach Erdkunde,
- als Abenteuer durch die Arbeitswelt im Fach Sozialkunde,
- als Abenteuer durch die Schöpfungsgeschichte im Fach Religion,
- als Suche nach dem Sinn des individuellen Lebens im Fach Ethik,
- zur objektorientierten Programmierung im Informatikunterricht.

QR 15:
Beispiel für das Erstellen eines
Textadventures

Role Playing Games

Bei den Role Playing Games (RPG) übernehmen die Spieler*innen eine Rolle und interagieren mit der fiktiven Welt, in die sie eintauchen. Neben strategischem Denken werden hier auch die Perspektivenübernahme sowie die Empathiefähigkeit gefördert, was einen Beitrag zu interkultureller Kompetenz leisten kann. Im Geschichtsunterricht können sich die Schüler*innen mit einem eigenen Avatar z. B. in der Welt der Piraten bewegen. Im Deutschunterricht können Dystopien in RPGs analysiert werden. Im Kunstunterricht kann die isometrische Perspektive untersucht werden. Es gibt RPGs, in denen Planeten erkundet werden, was im Erdkundeunterricht eingesetzt werden kann. In manchen Spielen geht es um Kolonisierung, was im Fach Sozialkunde zum Einsatz kommen kann. Im Fach Ethik können Geschlechterrollen bei der Avatargestaltung analysiert werden. In manchen RPGs können die Schüler*innen Avatare wählen, denen bestimmte Eigenschaften und Stärken zugeordnet sind. Es gibt zudem RPG Maker, mit denen die Schüler*innen selbst Rollenspiele erstellen können.

Aufbaustrategiespiele

Aufbaustrategiespiele simulieren in vereinfachter Form gesellschaftliche bzw. wirtschaftliche Zusammenhänge und machen somit komplexe Prozesse spielerisch erfahrbar. Neben dem Zuwachs an Sachwissen wird auch strategisches Denken gefördert. Durch das Simulationsspiel werden Handlungsmuster erworben und kreative Problemlösestrategien entwickelt, die helfen, mit den komplexen Herausforderungen unserer heutigen Gesellschaft adäquat umzugehen. Anhand dieser Aufbaustrategiespiele können die Schüler*innen z. B. den Wirtschaftskreislauf im Fach Sozialkunde spielerisch erforschen. Stadtentwürfe können im Fach Erdkunde thematisiert werden. Es gibt historische Aufbaustrategiespiele, die im Geschichtsunterricht zum Einsatz kommen können. Globalstrategiespiele können z. B. in den Fächern Politik, Ethik, Religion, Erdkunde oder Geschichte genutzt werden, um Aspekte der Geschichte der Menschheit zu analysieren. Sci-Fi-Aufbausimulationen können in den Fächern Deutsch, Ethik oder Religion diskutiert werden.

Jump 'n' Run

Unter Jump 'n' Run versteht man Spiele, in denen eine Spielfigur durch Bewegung Herausforderungen meistern muss, um ein Ziel zu erreichen. Im Fach Sport können diese Spiele zur Bewegungsanalyse genutzt werden. Die Spiele können auch als Hindernisparcours in der Sporthalle nachgebaut und parallel zum projizierten Game real ausgeführt werden. Die Schüler*innen können Jump 'n' Run-Spiele z. B. mithilfe von Builder-Apps selbst gestalten. An Gameboards werden die Charaktere und Levels entwickelt. Diese Entwürfe werden digitalisiert und in das konzipierte Spiel umgesetzt. Dies fördert problemlösendes Denken, Kreativität sowie räumliches Vorstellungsvermögen und kann z. B. im Fach Mathematik oder im Sachunterricht eingesetzt werden.

Strategie-Puzzle-Games

Bei Strategie-Puzzle-Games geht es darum, über verschiedene Level hinweg durch Rotation und Bewegen von Elementen durch Welten zu navigieren. Durch die Rotation verändern sich Perspektiven. Oft handelt es sich um geometrische Puzzles. Diese Spiele fördern neben problemlösendem und strategischem Denken vor allem das räumliche Vorstellungsvermögen und können z. B. im Mathematikunterricht eingesetzt werden. Manche Spiele arbeiten mit optischen Täuschungen. Durch Rotation erscheinen z. B. Plattformen, die man aus einer anderen Perspektive visuell als getrennt wahrnimmt, als verbunden, was der räumlichen Gegebenheit entspricht. Dieses Phänomen kann in den Fächern Bildende Kunst, Physik oder Biologie untersucht werden.

Sportgames

Sportspiele wie Fußball-Simulationsspiele können z. B. im Sportunterricht eingesetzt werden, um Regeln zu erarbeiten bzw. anzuwenden. E-Sports fördern strategisches Denken. Gleichzeitig werden motorische Fähigkeiten wie die Hand-Augen-Koordination geschult. Sie können eingesetzt werden, um Themen wie Spielstrategien und Teamgeist zu analysieren. Manche Simulationsspiele können als Basis für die reale Ausübung des Sports dienen.

5.2.2 Serious Games

Serious Games sind Spiele, die mit einer bestimmten pädagogischen Absicht konzipiert wurden. Viele der Serious Games werden an Universitäten oder von Stiftungen entwickelt oder sind Projekte, die von Bundesministerien gefördert werden. Sie können in der Regel kostenlos in Bildungskontexten eingesetzt werden. Zu manchen Fernsehsendungen, die eine unterhaltsame Wissensvermittlung zum Ziel haben, bieten die Sender ebenfalls Lernspiele an, die man im Unterricht verwenden kann. Neben dem Motivationsfaktor Fun bieten Serious Games unerschöpfliche Lernpotenziale. Simulationsspiele erleichtern durch eine didaktische Reduktion das Erfassen von komplexen Sachverhalten und machen abstrakte Zusammenhänge spielerisch begreifbar. Planspiele erfordern eine handlungsorientierte, problemlösende, strategische Auseinandersetzung mit Lerninhalten. Adventure Games führen zu einer Perspektivenübernahme, die Lerninhalte erlebbar macht.

Es gibt Serious Games zum Erlernen einer Fremdsprache, die durch Immersion in die Welt des Zielsprachenlandes interkulturelle Lernerfahrungen ermöglichen.

Exergames motivieren für Bewegung. Sie können im Sportunterricht z. B. beim Gleichgewichtstraining zum Einsatz kommen.

Manche Adventure Games zielen auf die Förderung der Informationskompetenz ab. Bei Expeditionen müssen z. B. auftretende Probleme gelöst werden. Für die Lösung müssen die Schüler*innen Recherchen anstellen. Das lässt sich z. B. im Deutschunterricht einsetzen, da ein Fokus auf Lesekompetenz liegt.

Zu Umweltthemen gibt es zahlreiche Aufbaustrategiespiele oder Open-World-Simulationen, die z. B. in den Fächern Erdkunde, Biologie oder Sozialkunde zum Einsatz kommen können. Hier müssen die Spieler*innen persönliche Entscheidungen treffen. Die Auswirkungen auf die Umwelt werden direkt im Spiel sichtbar. So können die Schüler*innen spielerisch erfahren, wie man die Welt verantwortungsvoll gestalten kann.

Es gibt Adventure Games, bei denen die Schüler*innen spielerisch in die Welt der Chemie eintauchen können. Das Erforschen von Stoffeigenschaften führt z. B. zu der Fähigkeit, ein bestimmtes Elixier herstellen zu können.

Für das Fach Biologie gibt es z. B. Adventure Games für die Bereiche Zellbiologie und Genetik, bei denen die Menschheit vor Gefahren gerettet muss.

Im Fach Physik können Simulationsspiele zu Versuchen Lernprozesse unterstützen.

Alternate Reality Games zu Datensicherheit können z. B. im Fach Sozialkunde genutzt werden. Grenzen zwischen virtuellen und realen Erlebnissen verwischen in diesen Games. Im Team müssen die Schüler*innen Aufgaben lösen, die sie für das Thema Datenschutz sensibilisieren.

Digitale Planspiele zu Entwicklungspolitik und -zusammenarbeit können z. B. in den Fächern Religion, Ethik, Sozialkunde und Erdkunde eingesetzt werden.

Es gibt digitale Game Labs, die eine visuelle Entwicklungsumgebung zum Programmieren eigener Spiele bieten. Damit kann z. B. im Sachunterricht oder im Informatikunterricht spielerisch ein Einstieg ins Coden erfolgen.

5.3 Gamifizierte Inhaltssicherung

Es gibt Anwendungen, mit denen sich Inhaltssicherungen spielerisch gestalten lassen. Es handelt sich hierbei vorwiegend um reproduktive Aktivitäten. In kurzen Unterrichtsphasen kann spielerisch das Verständnis überprüft werden. Damit kann eine Basis für sich anschließende Analyse- und Transferaktivitäten geschaffen werden. Diese kurzen spielerischen Phasen motivieren darüber hinaus und bringen Dynamik in den Lernprozess nach einer anstrengenden Erarbeitungsphase. Zudem geben sie den Schüler*innen Zeit, damit neu erworbene Lerninhalte verankert werden können. Es gibt spielerische Aktivitäten, die in der Lerngruppe mit Wettbewerbscharakter durchgeführt werden können. Die Lehrperson kann jedoch auch Aktivitäten konzipieren bzw. von den Schüler*innen selbst gestalten lassen, die individuell durchgespielt werden. Hier wirken spielerische Elemente wie Highscores, Bestzeiten und Badges motivierend, um sich mit den Lerninhalten auseinanderzusetzen. Erstellen die Schüler*innen die Aktivitäten, empfiehlt sich ein Klassenaccount, um eine Registrierung mit personenbezogenen Daten der Schüler*innen zu vermeiden.

5.3.1 Chatbots

Bei einem Chatbot handelt es sich um ein interaktives Kommunikationssystem, bei dem der Dialog mit einem technischen System geführt wird. Es gibt Anwendungen, bei denen über Eingabemasken solche Chatbots erstellt werden können. Man legt einen Informationstext oder eine Frage fest, konzipiert Antwortmöglichkeiten und definiert Reaktionen auf die Optionen, die dann im Chatverlauf automatisch entsprechend erscheinen. Die Rückmeldung auf eine korrekte Auswahl kann spielerisch über die Vergabe von Sternen oder das Anzeigen von Emojis erfolgen. Eingesetzt werden können Chatbots z. B., um das Vorwissen zu einem Thema zu testen oder um den eigenen Lernerfolg im Anschluss an eine thematische Einheit selbst zu überprüfen.

5.3.2 Interaktive Aktivitäten

Es gibt Plattformen, die Vorlagen bieten, um interaktive Inhalte zu erstellen. Die Aktivitäten werden automatisch ausgewertet. Die Evaluation erfolgt mit spielerischen Elementen. Möglich sind z. B.

- interaktive Videos
- Kreuzworträtsel
- Lückentexte
- Memory®-Spiele
- Multiple-Choice-Aufgaben
- Puzzle
- Zuordnungsspiele
- Karteikartensystem

Lernen mit Karteikarten hilft, Lerninhalte zu wiederholen und abzuspeichern. Der Lernfortschritt wird anschaulich visualisiert durch das Anzeigen korrekt bearbeiteter Karten und das Wiedererscheinen noch nicht abgespeicherter Inhalte. Eine digitale Version ermöglicht die ubiquitäre Verfügbarkeit des Kartensets, ein automatisches Feedback und die Wiedervorlage von Karten, bis die Inhalte korrekt verarbeitet sind. Es gibt zudem Anwendungen, die aus den Karteikartensets automatisch unterschiedliche Spiele generieren, die im Schwierigkeitsgrad gestuft sind von reiner Wiedererkennung von Entsprechungen bis zur aktiven Anwendung der Inhalte. Die Rückmeldung erfolgt in spielerischer Form z. B. über Bestzeiten und Medaillen.

5.3.3 Quests

Es gibt Plattformen zur Gamifizierung von Unterrichtseinheiten. Die Gamifizierung erfolgt in Quest-Formaten. Die zu wiederholenden Themen können spielerisch in steigendem Schwierigkeitsgrad aufbereitet werden, sodass die Schüler*innen Herausforderungen auf unterschiedlichen Levels durchspielen müssen, um zum Ziel zu gelangen. Dabei sind individuelle Lösungswege möglich.

5.3.4 *Quiz*

Als Quiz lassen sich Abfragen und Umfragen mit Wettbewerbscharakter erstellen. Es gibt Quizspiele, die individuell durchgeführt werden können und Formate, die in Gruppen als Wettbewerb gespielt werden. Möglich ist ein Quiz z. B.:
- zur Überprüfung des Textverständnisses,
- als spielerische Lernerfolgskontrolle am Ende einer Themenerarbeitung oder Unterrichtseinheit,
- zur spielerischen Vokabel- bzw. Terminologieabfrage,
- als Unterrichtseinstieg zur Reaktivierung von Vorwissen.

QR 16:
Plattformen zum Erstellen von
interaktiven Aktivitäten und
Unterrichtsbeispiele zur Nutzung
der Formate

5.4 Digitaler Breakout

Exit Games bzw. Escape-Room-Abenteuer sind beliebte Teamspiele. Nun kann die Lehrperson Schüler*innen nicht im Klassenraum einsperren und erst wieder öffnen, wenn Challenges bestanden wurden. Daher bietet sich eine digitale Version an. Als Escape Rooms werden virtuelle Räume genutzt. Die Schüler*innen tauchen in die Umgebung ein und übernehmen Aufträge. Bei korrekter Ausführung erscheinen Elemente zum Knacken des Codes, der einen Tresor öffnet. Um die Motivation zu erhöhen, kann der Tresor real gestaltet werden. Dafür wählt man z. B. eine Schatztruhe mit einem Hasp und mehreren Zahlen- und/oder Buchstabenschlössern. Die Zahlen- bzw. Buchstabenkombination erfahren die Schüler*innen durch das Lösen der einzelnen Etappen. In die Schatztruhe kann man Belohnungen wie Süßigkeiten legen.

Zur digitalen Gestaltung können z. B. bestehende Plattformen genutzt werden, man nutzt eigenen Webspace oder integriert die Aktivitäten in ein Lernmanagementsystem.

Das Escape-Abenteuer wird so gestaltet, dass Aufträge erfüllt werden müssen. Diese sollten in eine Story eingebettet sein. Die Aufträge können von allen gemeinsam erledigt werden. Man kann das Team je nach Größe jedoch auch in Gruppen unterteilen. Jede Gruppe erhält in diesem Fall andere Aufträge. Die Aktivitäten werden mit interaktiven Anwendungen erstellt, die automatisch Rückmeldung zu der Ausführung geben. Ist die Aktivität korrekt abgeschlossen, erscheint als Rückmeldung eine Ziffer oder ein Buchstabe. Sind alle Aktivitäten beendet und der Auftrag somit abgeschlossen, ergibt sich aus den Ziffern und Buchstaben der entsprechende Code, der zum Öffnen eines der Zahlen- bzw. Buchstabenschlösser führt.

Die Lehrperson kann einen Breakout mit unterschiedlichen Zielen durchspielen lassen. Dient der Breakout der Wiederholung von Lerninhalten, muss die Lehrperson darauf achten, dass jede Gruppe die gleiche Möglichkeit hat, die Lerninhalte zu wiederholen. Daher sollten die Aufträge zu denselben Aspekten konzipiert sein und sich nur in den gesuchten Ergebnissen (z. B. unterschiedliche Zahlen in Mathematik, unterschiedliche Verben aus den zu wiederholenden Verbgruppen im Fremdsprachenunterricht) unterscheiden.

Sollen sich die Schüler*innen in dem Breakout selbstständig ein Thema erarbeiten, kann die Lehrperson das gesamte Team gemeinsam an den Aufträgen arbeiten lassen. Diese sind so konzipiert, dass sie Impulse geben für eine selbstständige Themenerarbeitung. In dieser Form werden vor allem entdeckendes Lernen sowie problemlösendes, strategisches Denken gefördert unter Einsatz der Kreativität aller, um als Team das gemeinsame Ziel zu erreichen.

QR 17:
Beispiel eines Breakouts in Klassenstufe 10 zum Wiederholen der Lerninhalte einer Lehrwerkslektion vor einer Klassenarbeit

5.5 Digitale Schnitzeljagd

Es gibt Anwendungen, mit denen man selbst digitale Schnitzeljagden erstellen oder auch öffentliche Schnitzeljagden spielen kann. Dabei geht es darum, an verschiedenen Stationen Aufgaben zu erledigen, die zum Erreichen eines Ziels führen. Das Ziel kann z. B. eine digitale Auszeichnung in Form eines Badges sein, das Erreichen eines gemeinsamen Treffpunkts und/oder eine Belohnung in Form von Süßigkeiten bei Nachweis des erfolgreichen Abschlusses. Die spielerische Form der Herausforderung, oft in Verbindung mit Bewegung, die interaktive Gestaltung und der Wunsch, ein Ziel zu erreichen, motivieren und lassen oft vergessen, dass Lernprozesse stattfinden. In digitalen Anwendungen lassen sich multimediale Inhalte wie Fotos, Videos oder Audiodateien in die Aufgabengestaltung integrieren. Ebenso ist es möglich, dass die Spieler*innen eigene Inhalte wie Beweisfotos hochladen müssen, um das Erledigen einer Aufgabe zu belegen. Digitale Schnitzeljagden können so gestaltet sein, dass damit Orte besucht werden und sich die Spieler*innen bewegen müssen. Eine digitale Schnitzeljagd kann aber auch in virtuellen Stationen aufgebaut sein, sodass bei der Rallye thematische Stationen im Fokus stehen, die an einem Ort wie dem Klassenraum durchgearbeitet werden können. Denkbar sind solche digitalen Schnitzeljagden in ganz unterschiedlichen didaktischen Kontexten. Ortsgebundene digitale Schnitzeljagden sind z. B.:

- Erkunden einer Umgebung, z. B. bei einem Unterrichtsgang bzw. einer Lehrfahrt
- Rallye durch ein Musem
- Erkunden der eigenen Schule, vor allem geeignet bei der Neueinschulung eines Jahrgangs
- Lerntrails

Bei Lerntrails nutzt man reale Standorte als Trailobjekte. An den Outdoor-Stationen können Rechen- oder Messaufgaben gelöst werden. Wird im Deutschunterricht ein Werk einer Autorin bzw. eines Autors aus der Region gelesen, kann man seinen Spuren folgen. Es können historische, interkulturelle, interreligiöse, wirtschaftliche oder sprachwissenschaftliche Aspekte bei der Schnitzeljagd betrachtet werden. Man kann in der Stadt auf Erkundungstour gehen. Man kann jedoch auch an einem bestimmten Ort eine themenspezifische Schnitzeljagd durchführen. Geht es im Sachunterricht um das Themenfeld Tier, kann die digitale Schnitzeljagd im Zoo stattfinden. Wird im Sozialkundeunterricht das Thema politische Entscheidungen besprochen, kann eine Schnitzeljagd in autorisierten Bereichen eines Landtags stattfinden. Raumanalysen im Erdkundeunterricht können die Schüler*innen spielerisch mit einer Schnitzeljagd durch Industriestätten, die sich besichtigen lassen, durchführen.

Nicht-ortsgebundene digitale Schnitzeljagden sind z. B.:
- eine Schnitzeljagd durch Stationen einer literarische Ganzschrift im Deutsch- oder Fremdsprachenunterricht
- Aktivitäten zu einem Grammatikthema im Fremdsprachenunterricht
- eine Schnitzeljagd durch Stationen des Lebens einer bekannten Persönlichkeit (Autor*in im Deutsch- oder Fremdsprachenunterricht, historische Person im Geschichtsunterricht, Künstler*in im Kunstunterricht, Komponist*in im Musikunterricht, Naturwissenschaftler*in im Biologie-, Chemie- oder Physikunterricht etc.)
- eine Schnitzeljagd durch Musikepochen im Musikunterricht
- eine Schnitzeljagd durch Epochen der Kunstgeschichte im Kunstunterricht
- eine Schnitzeljagd durch politische Institutionen im Politikunterricht
- Aktivitäten zu Spielstrategien und -regeln oder Bewegungsabläufen im Sportunterricht
- Aktivitäten zu geometrischen Figuren im Mathematikunterricht
- eine Schnitzeljagd durch chemische Prozesse im Chemieunterricht
- eine Schnitzeljagd durch die Stammesgeschichte der Tiere im Biologieunterricht
- eine Schnitzeljagd durch historische Ereignisse im Geschichtsunterricht
- eine Schnitzeljagd durch Grundlagen der Elektrizität im Physikunterricht
- Aktivitäten zum Klima im Erdkundeunterricht
- eine Schnitzeljagd durch Königsgeschichten im Religionsunterricht
- Aktivitäten zum Thema Freundschaft im Ethikunterricht

5.6 QR-Code®-Rallye

Möchte man Lernen spielerisch mit Bewegung verbinden, kann man mithilfe von QR-Codes® eine Rallye organisieren. Unter QR-Code® versteht man einen zweidimensionalen Code. Mithilfe dieses Codes können Informationen verschlüsselt und in quadratischer Form mit Pixel dargestellt werden. Die Informationen können z. B. in Form eines Links oder eines Textes durch einen QR-Code® verschlüsselt werden.

Möchte man eine QR-Code®-Rallye konzipieren, muss man selbst QR-Codes® erstellen. Dafür gibt es Webanwendungen und mobile Apps. Man gibt z. B. den Link zu der Aktivität ein und der Code wird automatisch generiert. Manche Anwendungen ermöglichen das Einbinden von eigenen Logos. Man kann für jede Station ein eigenes Symbol wählen. Das bietet sich an, um selbst einen Hinweis darauf zu haben, zu welcher Station der QR-Code® gehört. Man sollte die QR-Codes® nicht laminieren, da es dabei zu Spiegelungen kommen kann, die das Scannen behindern.

Für die Rallye werden die QR-Codes® an unterschiedlichen Orten angebracht. An jeder Station sind Aufgaben zu lösen. Der QR-Code® kann dabei zu einer interaktiven Aktivität führen. Dafür wird der Link zu der Aktivität als QR-Code® dargestellt. Es kann jedoch auch direkt die Aufgabe in Textform in den Code verwandelt werden. Die Aufgaben können so konzipiert sein, dass die korrekte Lösung einen Hinweis auf den Ort des nächsten QR-Codes® gibt. Die Rallye kann jedoch auch so gestaltet werden, dass jeder Option einer Aufgabe ein Buchstabe zugeordnet ist. Am Ende der Rallye ergibt sich daraus ein Lösungswort. Ist das Lösungswort nicht korrekt, müssen die Stationen nochmals durchlaufen werden. Hier können durch Raten allerdings evtl. falsche Antworten kompensiert werden. Gestaltet man das Lösungswort als Schüttelwort, erschwert dies das Raten. Wählt man diese Vorgehensweise, müssen die Stationen nicht in einer bestimmten Reihenfolge durchlaufen werden.

Eine QR-Code®-Rallye kann beispielsweise als Erkundung des Schulgebäudes bei Einschulung eines neuen Jahrgangs organisiert werden. Im Sportunterricht kann man eine QR-Code®-Ralley in der Sporthalle für eine spielerische Einführung in die sichere Nutzung der Geräte und Räume gestalten.

Bei einer QR-Code®-Rallye geht es vor allem darum, Bewegungsfreude mit Lernen zu verbinden. Innerhalb eines Klassenraumes ist die Bewegungsfreiheit allerdings stark eingeschränkt, sodass hier ein Breakout oder eine digitale Lerntheke genauso motivieren, jedoch Chaos durch Platzmangel vermieden werden kann.

5.7 Beacons Tour

Unter Beacons versteht man Transmitter, die z. B. über Bluetooth Informationen auf mobile Geräte übertragen können. Zum Empfangen wird eine entsprechende App benötigt. Beacons können an bestimmten Stationen angebracht werden. Befindet man sich mit dem Smartphone oder Tablet in der Nähe eines Beacons, wird die für diese

Station festgelegte Aktion ausgelöst. Die Informationen, die übertragen werden, können z. B. Hilfen zur Orientierung auf dem Tourweg, Hinweise zu der Station oder Rätselaufgaben sein. So kann eine Tour gestaltet werden ähnlich der digitalen Schnitzeljagd oder der QR-Code®-Rallye. Städte und Museen bieten teilweise durch Beacons geführte Touren bzw. Besichtigungen an, die man bei einem Unterrichtsgang nutzen kann. Es gibt Anwendungen, mit denen man selbst interaktive Touren erstellen kann. Diese können z. B. genutzt werden:

- zur Erkundung des Schulgeländes für neu hinzugekommene Schüler*innen
- für eine Mystery-Tour bzw. Schatzsuche zu Lerninhalten, im Schulgebäude oder an einem außerschulischen Lernort
- zum Übertragen von Musik zu Werken einer Ausstellung mit Arbeiten von Schüler*innen
- zum Übertragen von Tondokumenten oder Videos zu der jeweiligen thematischen Station einer Tour

5.8 Forschendes Lernen mit Explorables

Explorables oder Explorable Explanations integrieren interaktive Simulationen in informative Texte. Durch diese Kombination wird aktives Lesen gefördert. Die den Texten entnommenen Informationen können die Schüler*innen in den Simulationen untersuchen. Die interaktive Gestaltung verfolgt somit einen handlungsorientierten Ansatz. Komplexe Systeme und Sachverhalte werden spielerisch erfahrbar. In den Simulationen lassen sich Parameter verändern, um die Auswirkungen zu evaluieren, was forschendes Lernen ermöglicht.

Im Unterricht kann die Lehrperson bestehende Projekte nutzen. Es gibt allerdings auch Anwendungen, mit denen Schüler*innen selbst Explorables erstellen können. Einsatzmöglichkeiten von Explorables bestehen z. B. zum Erforschen:

- von Entscheidungsprozessen literarischer Figuren im Deutsch- und Fremdsprachenunterricht,
- von Bodenbildungsprozessen im Fach Erdkunde,
- von visueller Informationsverarbeitung im Gehirn im Fach Biologie,
- von Proteinfaltung im Fach Chemie,
- von Schallwellen im Musik- und Physikunterricht,
- von Gestaltungsprinzipien in der Architektur im Fach Bildende Kunst,
- von Urbanisierungsprozessen im Fach Geschichte,
- von Wahlsystemen im Fach Sozialkunde,
- von Zufallsexperimenten im Mathematikunterricht,
- des Trolley-Problems im Fach Ethik,
- von Quantencomputing im Fach Informatik.

5.9 Perspektivenwechsel mit Drohnen

Drohnen sind im Freizeitbereich ein beliebtes Spielzeug. Aber auch für den Unterricht gibt es Einsatzmöglichkeiten, um komplexe Sachverhalte spielerisch zu erforschen oder kreative Filmideen in Lernkontexten umzusetzen. Eine Drohne kann z. B. in einer AG, dem Seminarfach oder im Deutschunterricht eingesetzt werden, um einen Flug über das Schulgelände aufzunehmen und anschließend zu vertonen. Der Film kann dann beispielsweise als Präsentation der Schule auf die Schulwebsite gestellt werden. Eine weitere Möglichkeit besteht darin, den Film in Endlosschleife am Tag der offenen Tür oder vor Beginn des Informationsabends für Grundschüler*innen sowie deren Erziehungsberechtigte laufen zu lassen. Auch in den einzelnen Fächern können Drohnen zum Einsatz kommen, um Lernprozesse auf spielerische Art zu unterstützen. Es ist jedoch darauf zu achten, dass rechtliche Vorgaben eingehalten werden. Folgende Möglichkeiten sind z. B. realisierbar:

- im Fremdsprachenunterricht der Flug über das Schulgelände mit anschließender Vertonung in der Zielsprache zur Präsentation der Schule für eine Partnerklasse im Zielsprachenland
- Luftaufnahme und Ortsbeschreibung im Deutschunterricht
- Erkunden von unwegbarem Gelände und Kartografie im Erdkundeunterricht
- Beobachtung des Flugverhaltens in Physik
- Strecken-, Flächen- und Volumenberechnung im Mathematikunterricht
- Beobachtung des Baumbestands im Biologieunterricht
- Filmprojekte im Kunstunterricht
- Luftaufnahmen von Kirchen unterschiedlicher Epochen und Analyse eines Zusammenhangs zwischen Kirchenbau und Gottesbild im Religionsunterricht
- Diskussion ethischer Grenzen bei Luftaufnahmen im Ethikunterricht
- Programmieren von Drohnen im Informatikunterricht

5.10 Spielerisches Lernen durch Coden

Durch Coden im Unterricht kann die Lehrperson der Forderung der Kultusministerkonferenz (KMK 2016, online unter: https://www.kmk.org/fileadmin/Dateien/veroeffentlichungen_beschluesse/2016/2016_12_08-Bildung-in-der-digitalen-Welt.pdf) nachkommen, fächerübergreifend abstrakte Informatikkonzepte durch handlungsorientierte Aktivitäten spielerisch begreifbar und verständlich zu machen. Es kann in allen Fächern gecodet werden, um sich spielerisch mit Lerninhalten auseinanderzusetzen. Im Deutschunterricht kann der Entwurf eines Algorithmus zudem als Übung für Vorgangsbeschreibungen genutzt werden. Durch die Ausführung können die Schüler*innen direkt überprüfen, ob die Befehle korrekt formuliert wurden und zu dem gewünschten Ziel führen. Dies motiviert, da die Vorgangsbeschreibung zu einer Umsetzung führt. Es gibt grafische Einstiegsplattformen und Programmiersprachen, die nicht textbasiert sind, sondern bei denen auf Programmier-Bausteine, die man über Drag-and-drop kombinieren und aneinanderreihen kann, zurückgegriffen werden kann. Dies ermöglicht, dass bereits Grundschulkinder damit arbeiten können.

5.10.1 Gestalten von Inhalten mithilfe von visuellen Programmiersprachen

Visuelle Programmiersprachen sind geeignet für einen Einstieg in algorithmisches Denken und Programmierung. Zum Erstellen von Projekten werden Befehlsblöcke verwendet, die selbsterklärend sind. Daher kann damit bereits in der Grundschule gearbeitet werden. In visuellen Programmierumgebungen können Themen kreativ und spielerisch bearbeitet werden. Im Kunstunterricht der Primarstufe kann z. B. das Malprogramm verwendet werden. Die Schüler*innen designen damit Objekte, die sie anschließend animieren können. Weitere Projekte können sein:

- interaktive Geschichten im Deutsch-, Fremdsprachen-, Ethik und Religionsunterricht
- Musikstücke im Musikunterricht
- Erzeugung von Vielecken im Mathematikunterricht
- Simulation von Fotosynthese im Biologieunterricht
- Darstellung von Gravitationsfeldern im Physikunterricht
- Darstellung von Atomen im Chemieunterricht
- Zeitreisen im Geschichtsunterricht
- Konstruktion von Kreismustern im Fach Bildende Kunst
- Games im Informatikunterricht
- interaktive Grußkarten im Sachunterricht

5.10.2 Textbotschaften mit Mikrocontrollern

Die meisten Mikrocontroller verfügen über eine LED-Matrix, die je nach Programmierung Texte anzeigen kann. Dies können die Schüler*innen in unterschiedlicher Form nutzen. Dabei ist es jedoch wichtig, dass dies nicht als isolierte Aktivität stattfindet. Die Botschaften werden im Plenum präsentiert oder ausgestellt. Die Mitschüler*innen können Ideen zu den Botschaften äußern oder die Schüler*innen erläutern selbst ihre Intention. Textbotschaften können z. B. erstellt werden in folgenden Kontexten:

- Moral einer Geschichte im Deutsch- oder Fremdsprachenunterricht
- Kurznachrichten von Protagonisten eines literarischen Textes
- Umsetzung eines Gleichnisses in eine kurze Textnachricht im Religionsunterricht
- kurze Handlungsempfehlungen in bestimmten Situationen im Ethikunterricht
- Kurzcharakterisierungen von realen oder fiktiven Personen im Geschichts-, Politik-, Religions-, Kunst-, Musik-, Deutsch- oder Fremdsprachenunterricht
- Alphabet im Deutschunterricht der Primarstufe
- Zahlen im Mathematikunterricht der Primarstufe

Neben Textbotschaften kann das LED-Display auch genutzt werden für den spielerischen Umgang mit Buchstaben und Sprache. Beim spielerischen Umgang mit dem Alphabet im Deutschunterricht der Primarstufe können die Schüler*innen die LED-Matrix so programmieren, dass der gewünschte Buchstabe angezeigt wird. Sie können auch einen Zufallsgenerator programmieren, sodass z. B. bei Schütteln des Mikrocontrollers nach Zufallsprinzip ein Buchstabe angezeigt wird. Die Schüler*innen suchen dann z. B. einen Gegenstand, der mit diesem Buchstaben beginnt. Dies kann z. B. in Partner*innenarbeit oder in Kleingruppen gespielt werden, damit alle programmierten Mikrocontroller zum Einsatz kommen können.

Dieses Buchstabenspiel kann auch im Fremdsprachenunterricht eingesetzt werden. Im Anfangsunterricht können frei Wörter gesucht werden, die mit dem angezeigten Buchstaben beginnen. Im Fortgeschrittenenunterricht können Themenbereiche gewählt werden, aus denen die Begriffe stammen müssen.

5.10.3 Symbole mit Mikrocontrollern

Mikrocontroller mit einer LED-Matrix können so programmiert werden, dass Symbole angezeigt werden. Diese können ähnlich wie Textbotschaften genutzt werden. Möglich sind z. B.:

- die Integration des Mikrocontrollers in eine gebastelte Figur/Maske oder allgemein in ein Kunstwerk im Kunstunterricht
- das Darstellen von Emotionen zu Geschichten im Deutsch-, Fremdsprachen- oder Religionsunterricht
- die Zusammenfassung in Form einer Zeichenkette einer Geschichte im Deutsch-, Fremdsprachen- oder Religionsunterricht
- die symbolhafte Darstellung einer beobachteten chemischen Reaktion im Chemieunterricht
- das Darstellen von Emotionen zu einem Musikstück im Musikunterricht
- das spielerische Experimentieren mit Mikrocontrollern (Mikrocontroller verfügen über Sensoren und über Pins, an die weitere Sensoren und Bauteile angeschlossen werden können. Dadurch kann der Mikrocontroller vielseitig für spielerische Experimente eingesetzt werden):
  - Wetterstation im Sachunterricht
  - Kompass im Fach Erdkunde
  - Messung des Feuchtegrads von Erde in Biologie
  - Aufbau einer Reihenschaltung in Physik
  - Magnetismus im Fach Physik
  - Zufallsgenerator in Mathematik
  - Programmieren und Abspielen von Musik im Musikunterricht

Es gibt Mikrocontroller als Bausatz. Hier können die Schüler*innen z. B. die Widerstände und LEDs in die Platine selbst einlöten. Dies hilft, den Aufbau eines Mikrocontrollers zu verstehen. Darüber hinaus motiviert es, wenn man den Mikrorechner selbst gebaut hat. Der Zusammenbau kann z. B. im Sachunterricht der Primarstufe oder in den Sekundarstufen im Technikunterricht oder in Arbeitslehre erfolgen.

Darüber hinaus gibt es ECAD-Programmpakete sowie Video-Tutorials zur Entwicklung von Platinen. Damit können die Schüler*innen Leiterplatten selbst gestalten.

5.10.4 Handlungs-/Bewegungsabläufe mit Bodenrobotern

Bodenroboter können von den Schüler*innen so programmiert werden, dass sie bestimmte Handlungen bzw. Bewegungen ausführen. Dies kann zur Visualisierung oder handlungsorientierten Anwendung von Lerninhalten genutzt werden:

- Wegbeschreibungen im Deutsch- und Fremdsprachenunterricht
- Erstellen eines Bewegungsprofils eines Protagonisten eines literarischen Textes im Deutsch- oder Fremdsprachenunterricht
- Zeichnen von Buchstaben im Deutschunterricht der Primarstufe
- Darstellen von Emotionen eines Protagonisten einer Geschichte an bestimmten Stationen über Farbcodes im Deutsch-, Fremdsprachen-, Geschichts-, oder Religionsunterricht
- Erkunden von geometrischen Formen im Mathematikunterricht
- Messen und Vergleichen von Strecken im Mathematikunterricht
- Rekonstruktion von Entdeckungsreisen im Erdkundeunterricht
- Erlernen der Himmelsrichtungen im Erdkundeunterricht
- Erstellen von Melodien im Musikunterricht, wenn der Roboter über eine Audioausgabe verfügt
- Erstellen von Zeichnungen im Fach Bildende Kunst, wenn der Roboter über einen Stifthalter verfügt

5.10.5 Robotik mit Bausätzen

Mit Roboterbausätzen lassen sich programmierbare Roboter konstruieren. Es gibt Angebote, die bereits für den Einsatz in der Grundschule geeignet sind, und komplexere Bausätze, die für Fortgeschrittene konzipiert sind.

Im Technikunterricht können sie genutzt werden zur Einführung in die Robotik, im Informatikunterricht zur Einführung in algorithmisches Denken und Programmieren. Im Fach Physik können die selbst gebauten Roboter für Experimente zu dem Themenfeld Bewegungen zum Einsatz kommen. Die Schüler*innen können auch Roboter bauen mit Sensoren z. B. für Messungen der Helligkeit oder der Wärmeübertragung. Im Fach Biologie können sie Simulationen zu Ultraschall durchführen. Im Erdkundeunterricht können sie Modelle zu erneuerbaren Energien konstruieren und erforschen. Im Sachunterricht kann z. B. die Zugkraft erforscht werden.

5.10.6 Making mit Platinen

Making-Aktivitäten lassen sich oft mit Coding kombinieren, sodass der Forderung der KMK nach fächerübergreifender Förderung informatischen Denkens nachgekommen werden kann. Bei Making-Aktivitäten steht, wie der Name schon sagt, das Selbermachen im Vordergrund. Spielerisch gehen die Schüler*innen dabei auf Entdeckungsreise.

Es gibt Platinen, die sich mit leitfähigen Objekten verbinden lassen, denen Funktionen von Computertasten zugeordnet werden können. Damit kann in vielen Fächern gearbeitet werden:

- Erforschen von Leitfähigkeit verschiedener Materialien im Sach- oder Physikunterricht
- Nachbau von Stromkreisen im Physikunterricht
- Bauen eines Musikinstrumentes, indem mithilfe einer visuellen Programmiersprache jedem an die Platine angeschlossenen Objekt ein anderer Ton zugeordnet wird
- Gestalten eines interaktiven Buchs im Deutschunterricht, indem in das Buch eingeklebte Aluminiumplättchen verbunden mit der Platine durch Berührung Geräusche auslösen; die Geräusche werden in einer visuellen Entwicklungsumgebung programmiert; die Schüler*innen können z. B. bei einem Buch über Tiere auf dem Bauernhof bei Berührung der Tiere das entsprechende Tiergeräusch erklingen lassen
- Vertonung von Geschichten im Deutschunterricht: Für die Vertonung bekleben die Schüler*innen eine Unterlage mit Aluminiumplättchen, die jeweils mit der Platine verbunden werden; aus Knetmasse fertigen die Schüler*innen die Figuren aus der Geschichte an; beim Erzählen der Geschichte werden die Knetfiguren auf die entsprechenden Aluminiumplättchen bewegt, um die gewünschten Hintergrundgeräusche auszulösen; die Geräusche programmieren die Schüler*innen in einer visuellen Entwicklungsumgebung.

5.10.7 Creative Coding

Unter Creative Coding versteht man eine Programmierung zur grafischen Gestaltung. Es gibt Programmiersprachen für einen einfachen Einstieg. In der Programmierumgebung können über eine Schaltfläche der Code direkt kompiliert und die visuelle Ausgabe angezeigt werden.

Erstellt werden können z. B. animierte Grafiken, Spiele oder Videomapping. Creative Coding kann interessant sein im Informatikunterricht als Einführung in die objektorientierte Programmierung. Im Kunstunterricht können die Schüler*innen

Kunstobjekte oder Videomapping-Projekte schaffen. Im Mathematikunterricht können die Schüler*innen ein Kaleidoskop simulieren. Wachstumsprozesse können visualisiert werden z. B. im Sozialkunde- oder Erdkundeunterricht. Musikalische Stücke können im Musikunterricht durch wechselnde Formen und Farben visualisiert werden. Im Deutsch-, Fremdsprachen-, Geschichts-, Religions- oder Ethikunterricht können die Schüler*innen animierte Grafiken zu Themen programmieren. Animationen von Atommodellen können im Fach Physik erstellt werden. Im Fach Biologie können die Schüler*innen biologische Reaktionen, im Fach Chemie chemische Reaktionen visualisieren.

5.11 Making mit Laser Cuttern

Unter Laser Cutting versteht man die Bearbeitung von Materialien durch Laserstrahlung. Laser Cutting ermöglicht eine konstruierende Auseinandersetzung mit Lerninhalten. Bearbeitet werden können unterschiedliche Materialien wie Aluminium, Stahl, Holz, Papier, Karton, Kunststoff oder Textilstoffe. Die Modelle können mit CAD-, CAM- oder Grafikprogrammen erstellt werden. Möglich ist auch, bestehende Vorlagen zu nutzen. Dies bietet sich vor allem an bei der Einführung in die Arbeit mit Laser Cuttern im Primarbereich. Fortgeschrittene Nutzer*innen können Mikrocontroller zur Steuerung des Laser Cutters nutzen. Laser Cutter sind vielseitig einsetzbar, z. B. für:
- Modelle im Erdkundeunterricht
- Versuchsaufbauten im Physikunterricht
- Nistkästen im Fach Biologie
- Kunstobjekte im Fach Bildende Kunst
- Gravuren im Deutsch-, Fremdsprachen- und Geschichtsunterricht
- Grußkarten im Deutschunterricht der Primarstufe
- DIY-Projekte im Sachunterricht
- religiöse Symbole im Religionsunterricht
- Erzeugen maßstabsgetreuer Körper im Mathematikunterricht
- parametrische Modellierung im Informatikunterricht

5.12 Digitale Visualisierung des Lernerfolgs

Interaktive Aktivitäten zeigen direkt den Lernerfolg an. Dies kann z. B. in Form von Sternen, Bestzeiten oder Highscores erfolgen. Interaktive Aktivitäten können von der Lehrperson darüber hinaus so konzipiert werden, dass nach Erreichen bestimmter Etappen Badges automatisch generiert werden.

Unter Badges versteht man digitale Medaillen. Diese können von den Schüler*innen abgespeichert und z. B. in einem digitalen Bagpack gesammelt werden. Dies legt den Fokus auf erreichte Ziele und nicht auf Defizite, was sich motivierend auswirken kann. Die Aufgabe wird als Herausforderung gesehen und die Schüler*innen sind motiviert, so lange daran zu arbeiten, bis die digitale Belohnung erscheint. Das kann vor allem Schüler*innen, die ein Nichterreichen negativ attribuieren, positive Impulse geben. Allerdings sollte die Lehrperson dieses System nicht überstrapazieren, sondern in der Unterrichtskonzeption darauf achten, dass bei den Schüler*innen intrinsische Motivation aufgebaut wird.

6. Immersives Lernen

6.1 Didaktische Aspekte

Augmented, Mixed und Virtual Reality ermöglichen ein Eintauchen in Lernwelten und somit neue Lernerfahrungen. Das durch Plastizität und Interaktivität erzeugte Präsenzerleben erhöht die aktive Verarbeitung von Informationen sowie die Erinnerungsleistung. Die intensive Auseinandersetzung mit dem Lerngegenstand durch die multimodale Interaktion fördert somit die Nachhaltigkeit des Lernens. Augmented Reality macht Lerninhalte lebendig. Bei Mixed Reality werden virtuelle und materielle Wahrnehmungen vermischt. Bei Virtual Reality taucht man komplett in die Lernwelt ein. Für Mixed und Virtual Reality sind spezielle Brillen nötig, um die Effekte wahrnehmen zu können.

6.2 Augmented Reality

Bei Augmented Reality (AR) wird die reale Welt durch digitale Elemente erweitert. Die Erweiterung kann z. B. durch überlagernde Animationen, Videos, Bilder oder Texte erfolgen.

Es gibt kostenlose Anwendungen, mit denen sich schnell und einfach Augmented-Reality-Effekte selbst erstellen lassen. Damit die digitalen Elemente erscheinen, braucht man als Auslöser ein sogenanntes Triggerbild. Dann legt man fest, welche Inhalte zu dem Triggerbild erscheinen sollen. Zum Aufrufen der AR-Elemente werden die Triggerbilder mit einer entsprechenden App gescannt. Man kann z. B. Videos, Audio- oder Textelemente sowie interaktive Elemente wie Umfragen hinterlegen, die beim Scan des Triggerbildes erscheinen und die realen Gegenstände zum Leben erwecken.

Des Weiteren gibt es Anwendungen, mit denen man 3D-Effekte für AR erstellen kann. Einzelne Elemente einer Zeichnung oder eines Fotos werden markiert und durch Extrusion in 3D-Objekte umgewandelt. Durch die vertikale Streckung können die Elemente in unterschiedlichen Positionen hervorgehoben werden. Scannt man mit einer entsprechenden AR-App die Zeichnung oder das Foto, erscheinen diese Elemente in einem Pop-up-Effekt. Dies eignet sich zum Schaffen eigener Kunstwerke oder zum Akzentuieren bestimmter Lerninhalte.

Es kann z. B. ein Klassenaccount angelegt werden, über den die Schüler*innen ihre Augmented Reality-Projekte erstellen. Es kann gemeinsam an einem Thema gearbeitet werden, zu dem unterschiedliche Informationen beigetragen werden. Es kann jedoch auch arbeitsteilig gearbeitet werden, indem jede Gruppe einen Teilaspekt zu einem Themenbereich aufarbeitet. Es ist auch möglich, dass die Lehrperson Zusatzinformationen zu einem Thema in Form von Augmented Reality-Effekten erstellt. Neben Anwendungen, die es ermöglichen, schnell und einfach Augmented-Reality-Effekte selbst zu erstellen, gibt es Apps, die themenzentriert Augmented-Reality-Inhalte anbieten. Dies funktioniert mit zweidimensionalen Triggerbildern, aber auch mit AR-Trackern, z. B. in Würfelform. Hält man diesen in der Hand, kann man das Hologramm, das durch Scan mit der entsprechenden App erscheint, drehen bzw. bewegen. Betrachten kann man z. B. das Sonnensystem oder Teile des menschlichen Körpers. Es gibt Vorlagen, solche Würfel selbst zu basteln, sowie Plattformen, um AR-Effekte dafür zu erstellen. Darüber hinaus gibt es Wearables mit AR-Effekten wie T-Shirts, die bei Abscannen eine virtuelle Reise durch die menschlichen Organe ermöglichen. Augmented Reality kann z. B. genutzt werden, um

- historische Orte wie Ruinenstätte in ihrem ursprünglichen Zustand zu zeigen,
- Skelette von Dinosauriern zum Leben zu erwecken,
- bekannte Gemälde zu animieren,
- zu Textpassagen die Audioversion aufzurufen, z. B. eine Hörbuchsequenz zu dem entsprechenden Kapitel eines literarischen Werks,
- Bezeichnungen einzublenden, z. B. zum Aufbau einer Pflanze, zu den Knochen eines Skelettes, zu einem Versuchsaufbau, zu Gegenständen oder Situationen wie in einem Bildwörterbuch,
- an einem historischen Ort oder in einer politischen Institution Reden anzuhören, die an diesem Ort oder zu diesem Ort gehalten wurden,
- zu den Buchstaben des Alphabets Objekte oder Tiere, deren Namen mit dem entsprechenden Buchstaben beginnt, einzublenden und evtl. auch sprechen zu lassen,
- die Dekodierung von Schriftzeichen einzublenden,
- Lösungen zu Aufgaben einzublenden,
- zu geometrischen Formen Objekte dieser Form einzublenden,
- zu mathematischen Funktionen den Graphen darüberzulegen,
- Sternenbilder am Himmel sichtbar zu machen,
- Eigenschaften bestimmter Objekte anzuzeigen,
- ein Video zu einem geschilderten Bewegungsablauf oder einer Spielstrategie einzublenden,
- Augmented-Reality-Ausstellungen zu organisieren (Kunstausstellung mit einblendbaren Informationen zu den Kunstwerken, historische Ausstellung mit Informationen zu den Exponaten oder Gedenkstätten, naturwissenschaftliche Ausstellung mit Informationen zu chemischen Elementen oder physikalischen Phänomenen),
- zu im Lehrwerk oder allgemein im Unterricht thematisierten Orten Zusatzinformationen einzublenden,
- eigene 3D-Pop-up-Kunstwerke zu erstellen.

6.3 Mixed Reality

Unter Mixed Reality (MR) versteht man die Mischung aus dem Blick in die reale Umgebung und der Wahrnehmung digital erzeugter Elemente, die in die reale Umgebung projiziert werden. Damit wird nicht nur die Realität, sondern auch der didaktische Handlungsraum erweitert. Mixed Reality ermöglicht realitätsnahe Interaktionen mit dem Lerngegenstand. Die Lerninhalte werden begreifbar, was das Verstehen fördert. Die Informationen sind zudem individuell abrufbar, wodurch Lernsituationen individualisiert werden.

Um die digital erzeugten Elemente wahrzunehmen, braucht man eine entsprechende Brille. Durch sie sieht man weiterhin die reale Umgebung. Im Sichtfeld können interaktive 3D-Projektionen dargestellt werden. Neben technisch komplex aufgebauten MR-Brillen gibt es Anwendungen, die mit kostengünstigen MR-Papp-Brillen funktionieren. Im Vergleich zu Augmented Reality bedarf es keines Triggerbildes. Über die projizierte Benutzeroberfläche können 3D-Modelle auch über ein Menü mit Gesten gesteuert aufgerufen werden. Eingesetzt werden kann diese Technologie in unterschiedlichen Lernszenarien.

Mixed Reality bietet viele Möglichkeiten für ein Work Based Learning. Handlungsabläufe wie Laborversuche oder Montageprozesse können mithilfe dieser Technologie gefahrenlos ausgeführt werden. Die Elemente werden als Hologramme in die reale Umgebung projiziert und können bewegt werden. Eine weitere Möglichkeit besteht darin, Anleitungen für real auszuführende Prozesse einzublenden. Auch dies kann bei Versuchen oder in einem Training für technische Reparaturarbeiten eingesetzt werden. Mixed Reality kann daher z. B. in Berufsschulen eingesetzt werden zur Bedienung technischer Systeme durch Holographic Computing. Dabei befinden sich die Nutzer*innen in der Schulwerkstatt, die durch die Brille real zu sehen ist. Hier erscheinen z. B. digital erzeugte Bauteile, die mithilfe von Controllern zu dem gewünschten Produkt virtuell zusammengebaut werden können.

Fächerübergreifend genutzt werden kann die Technologie, um Widgets an bestimmten Stellen des Klassenraums zu platzieren. Richtet man das Sichtfeld auf diese Stelle, erscheinen die hinterlegten Informationen bzw. Dienste. Ebenso können Informationen zu bestimmten Orten oder dreidimensionale Objekte zur genaueren Betrachtung an entsprechenden Stellen platziert werden.

So kann im Biologieunterricht an dem im Klassenraum vorhandenen Skelettmodell z. B. das Herz als 3D-Modell erscheinen, wenn man das Sichtfeld auf die entsprechende Stelle richtet. Das 3D-Objekt kann nun durch Gesten gesteuert erkundet werden.

Im Chemieunterricht können Atome in Form von Hologrammen erforscht und miteinander verglichen werden.

Im Erdkundeunterricht kann z. B. ein dreidimensionales Vulkanmodell dargestellt und mit Gesten gesteuert erkundet werden.

Im Kunstunterricht können 3D-Modelle von Bauwerken erkundet werden.

Im Religionsunterricht können 3D-Modelle von Kirchen analysiert werden.

Im Fremdsprachenunterricht können z. B. die Bezeichnungen von Gegenständen mithilfe entsprechender Applikationen erstellt und an den entsprechenden Orten platziert werden. Bewegen sich die Schüler*innen durch diesen Raum, erscheinen zu den Gegenständen die entsprechenden Bezeichnungen in der Zielsprache.

Im Geschichtsunterricht können an historischen Orten über Holographic Computing Zeitreisen unternommen werden, wobei sich die historischen Szenen über den im Rahmen einer Exkursion besuchten Ort lagern.

Mixed Reality kann in den MINT-Fächern genutzt werden, z. B. zur Simulation von Versuchen. Mithilfe von Controllern können die Schüler*innen Versuche virtuell durchführen. Die Technologie der Mixed Reality kann jedoch auch genutzt werden, um zu im Unterricht durchzuführenden Versuchen Informationen aufzurufen. Integrierte Sensoren und Anwendungen ermöglichen, Messwerte zu erfassen, zu analysieren und die Auswertung darzustellen. Physikalische Phänomene wie Wärmeleitung können durch Augmentation sichtbar gemacht werden. Des Weiteren können Hilfen zu dem Versuch aufgerufen werden.

Im Bereich Spatial Computing gehen die Entwicklungen dahin, Computer und Smartphones immer mehr verschwinden zu lassen. Durch Smart Glasses erscheinen die Objekte sowie die Benutzeroberfläche in einem Multi Focus Display. Anwendungen können durch Gesten gesteuert aufgerufen werden und mit den Inhalten bzw. Objekten kann interagiert werden.

6.4 Virtual Reality

Virtual Reality (VR) erweitert den Klassenraum als Lernort und öffnet Unterricht. Virtuelle Welten sind digital erzeugte Simulationsmodelle der realen Welt. Die virtuelle Welt entsteht, indem 3D-Inhalte auf 3D-Displays dargestellt werden. Die Nutzer*innen können sich in der virtuellen Umgebung bewegen und auf diese virtuelle Realität reagieren. Mithilfe von Virtual Reality können Informationen durch realitätsnahe Visualisierung veranschaulicht werden. Die Lernerfahrungen in virtuellen Umgebungen fördern durch die Interaktionsmöglichkeiten konstruktivistisches Lernen, da sich die Schüler*innen aktiv mit den Lerninhalten auseinandersetzen können. Jede*r nimmt die Erlebnisse individuell wahr, reagiert individuell auf sie und verarbeitet die Erlebnisse individuell.

Um VR-Effekte wahrzunehmen, ist eine entsprechende VR-Brille nötig. Für viele Anwendungen reicht eine kostengünstige VR-Papp-Brille. Die Schüler*innen können diese Brillen auch selbst basteln. Im Netz findet man Anleitungen dazu. Dies wäre z. B. eine Möglichkeit für Projekttage. Für manche Anwendungen benötigt man technisch komplexer aufgebaute Brillen. Je stärker die VR-Brille die Nutzer*innen von der realen Umgebung abschirmen, desto vollständiger ist die Immersion. Viele VR-Angebote sind proprietäre VR-Lösungen und können daher nur mit bestimmten Modellen eines bestimmten Herstellers genutzt werden. Die Schule sollte daher vor der Anschaffung von VR-Brillen evaluieren, wofür und wie sie im Unterricht eingesetzt werden sollen.

6.4.1 VR180° und VR360°

360°-Bilder und -Videos erlauben eine Rundumsicht. Die Bilder/Videos können ohne VR-Brille in 2D angesehen werden. Durch Nutzung einer VR-Brille kann man sich in den Aufnahmen umblicken. Bei 180°-Aufnahmen ist das Blickfeld eingeschränkter, die Tiefenwirkung durch stereoskopisches 3D jedoch größer. Die Aufnahmen können von den Schüler*innen selbst gestaltet werden (s. Kap. 3.24). Das intensiviert die Lernerfahrungen gegenüber dem reinen Betrachten. Dennoch kann die Nutzung bestehender Angebote interessant sein, da die Schüler*innen Orte betreten können, zu denen sie im Rahmen des Unterrichts aus unterschiedlichen Gründen keinen Zugang haben.

Es gibt Videoplattformen, die in der App-Version für Smartphones ein Cardboard-Feature haben, sodass sich die Schüler*innen VR180°- sowie VR360°-Videos mit VR-Papp-Brillen ansehen können. Dadurch können sie in unterschiedliche Richtungen blicken. Genutzt werden können z. B. Videoangebote wie:

- Reisen durch Landschaften
- Flüge über Landschaften
- Fallschirmabsprünge über Gebieten
- Fahrten durch Gebiete
- Erkundungen von Orten (Höhlen, Ozeane, Gebirge, Planeten etc.)
- Besichtigungen von Orten
- Eintauchen in die Welt der Tiere
- Teilnahme an Konzerten
- Erleben von wissenschaftlichen Experimenten, die zu aufwendig oder zu gefährlich für eine reale Durchführung im Unterricht sind
- Phänomene wie das Schmelzen von Gletschern, Asteroiden-Einschläge und -Selbstzerstörung, Vulkanausbrüche etc.

Neben Videoplattformen können auch Apps bzw. Plattformen genutzt werden, die virtuelle Touren anbieten. Diese können von der Lehrperson gesteuert oder von den Schüler*innen individuell unternommen werden. Es können z. B. Angebote in folgender Art genutzt werden:

- virtuelle Reise zu Orten, die im Lehrwerk erwähnt werden
- virtuelle Reise durch menschliche Organe
- virtuelle Erkundung von Orten wie Vulkanen, Ozeanen oder Polarregionen
- virtuelle Erkundung von Zellen, Viren und Bakterien
- virtuelle Erkundung von chemischen Elementen
- Eintauchen in historische Welten wie die der Dinosaurier
- virtuelle Reise zu Planeten

Manche Museen und Konzerthäuser bieten virtuelle Touren an, die im Unterricht zur Veranschaulichung von Lerninhalten oder als Vor- bzw. Nachbereitung eines realen Museums- oder Konzertbesuchs verwendet werden können.

Es gibt interaktive Angebote wie die Erkundung der Erde, bei der die Schüler*innen von der Globalansicht aus durch die Welt navigieren und sich in Orte hineinzoomen können, was bei Lerninhalten mit Ortsbezug Lernprozesse unterstützen kann.

6.4.2 Virtuelle Welten

Virtuelle Welten sind digital erzeugte Welten, die mithilfe von digitalen Geräten betretbar sind. Dies ermöglicht eine Immersion in eine Welt, die möglichst real erscheinen soll.

Games und Spielkonsolen bieten teilweise Virtual-Reality-Optionen an. Die Schüler*innen können in Spielewelten eintauchen oder speziell produzierte Filme in VR ansehen. Dies kann genutzt werden, wenn die Thematik in das Lernsetting passt. Bei Games gibt es u. a. folgende Angebote:

- Adventure Games mit historischem Hintergrund
- Exit-Games/Strategie-Puzzle-Games
- Job-Simulationsspiele
- Simulationsspiele zur Arbeitssicherheit
- Musikgames
- Sport Games
- VR-Experimente
- Zeichensimulation
- Bei Filmen kann man VR-Erlebnisse finden z. B.
  - in Gebirgen
  - in Ozeanen
  - auf Weltraumexpeditionen

Es gibt Filme, bei denen man aus der Ich-Perspektive z. B. Achterbahnfahrten, Fallschirmsprünge oder Höhenerfahrungen auf Wolkenkratzern erleben kann. Dies kann zu Cybersickness mit Symptomen wie Schwindel oder Übelkeit führen. Im Biologieunterricht kann man dies untersuchen unter dem Aspekt von Sinnesleistungen.

Eindrucksvolle Realitätsnähe sowie vollständige Immersion ermöglicht die Volumetric-Video-Technologie. Dabei werden Personen oder Objekte volumetrisch aufgenommen. Diese realgetreuen Bilder können bearbeitet und in virtuelle Welten übermittelt werden. Dadurch werden neben Games auch Filme begehbar.

Photogrammetrie-VR

Eine Mischung aus 360°-Aufnahmen und digital erzeugten 3D-Modellen stellt die Photogrammetrie-VR dar. Wird eine Photogrammetrie-Software zur 3D-Rekonstruktion verwendet, entstehen ebenfalls begehbare 3D-Umgebungen. Reale Orte können durch Photogrammetrie realitätsgetreu in Virtual Reality übertragen werden. Mit VR-Brillen, die diese Technologie unterstützen, können sich die Schüler*innen in dem

Raum frei bewegen oder sich mithilfe der Controller an andere Stellen teleportieren. Auf diese Weise lassen sich z. B. Orte erkunden, die sich aufgrund der zu großen Entfernung nicht als Unterrichtsgang erreichen lassen. In Photogrammetrie-VR begehbar sind z. B.:

- Canyons
- archäologische Ausgrabungsstätten
- Kirchen
- Schlösser
- Burgen

Auch historische Stätten, zu denen für die Öffentlichkeit kein Zugang besteht, wie prähistorische Höhlen, ägyptische Grabkammern oder Klöster werden begehbar. Eine Erkundung von unwegbaren Gebieten wie dem Regenwald oder der Arktis wird ebenfalls möglich. Die Interaktionsmöglichkeiten durch das Bewegen in dem virtuellen Raum bieten immersive Lernerfahrungen. Die intensive Interaktion fördert Nachhaltigkeit in den Lernprozessen.

7. Organisatorische Hilfen

Organisationsformen des Unterrichts und organisatorische Rahmenbedingungen können Lernprozesse unterstützen. Digitale Medien können Organisationshelfer für Planung, Durchführung und Evaluation von Unterricht sein. Dadurch kann Unterrichtsqualität verbessert werden und man gewinnt oft Zeit, die man für inhaltliche Aspekte verwenden kann.

7.1 Digitaler Workflow

Es ist hilfreich, für die Organisation des Workflows im Unterricht ein digitales Lernmanagementsystem (LMS) zu nutzen, um auch digital eine gemeinsame Lernumgebung zu schaffen. Dadurch stehen Materialien zu jeder Zeit und an jedem Ort zur Verfügung. Ein etablierter Workflow trägt zu einer effizienten Arbeitsweise bei. Unterrichtszeit kann dadurch effektiver für inhaltliche Aspekte genutzt werden. Ein digitaler Workflow ist z. B. zeitökonomisch, da

- die Lehrperson nicht immer Links zu Informationen oder Aktivitäten angeben muss, die von den Schüler*innen in die Andresszeile eines Browsers eingegeben werden müssen; diese Links sind in der digitalen Lernumgebung, zu der alle direkt Zugang haben, eingegeben und die Inhalte können direkt über die Links aufgerufen werden.
- man Arbeitsergebnisse nicht an unterschiedlichen Orten suchen muss, sondern direkt zentral Zugriff auf alle Dokumente hat.
- die Lehrperson Informationen und Aktivitäten für Schüler*innen nicht kopieren und austeilen muss, sondern alles digital zur Verfügung steht.
- nichts mehr zu Hause vergessen werden kann, was die Unterrichtsarbeit beeinträchtigen würde.
- bei kollaborativem Arbeiten nicht mehr eine lokal gespeicherte Version an andere versendet, von ihnen bearbeitet und wieder zurückgesendet wird, sondern alle gleichzeitig an dem Dokument arbeiten können und die Version immer direkt aktualisiert wird.
- auch bei einer kurzfristigen Stundenverlegung oder einer zusätzlichen Vertretungsstunde alle Arbeitsmaterialien zur Verfügung stehen.

Ein weiterer Vorteil eines etablierten digitalen Workflows besteht darin, dass bei Erkrankung der Lehrperson die Schüler*innen ohne Erklärungen einer Vertretungslehrerin oder eines Vertretungslehrers eigenständig in der digitalen Lernumgebung arbeiten können. Entweder sie arbeiten weiter an einem laufenden Projekt oder die Lehrperson stellt Aktivitäten ein bzw. verlinkt auf Aktivitäten.

Damit alle effektiv in diesem digitalen Coworking Space arbeiten können, muss mehr als eine Dateiablage möglich sein. Nützlich wären z. B. folgende Funktionen:
- Ablage mit Unterstützung unterschiedlicher Dateiformate
- Kommunikation (z. B. Work Chat, Formulare für Ab- und Umfragen, Terminplaner)
- Kollaboration (kollaborativ bearbeitbare Dokumente wie Texte, Präsentationen, Tabellen, Mindmaps)
- Integration anderer Anwendungen
- Share-Funktion mit anderen Systemen

Damit alle problemlos das Lernmanagementsystem nutzen können, sollte es folgende Eigenschaften erfüllen:
- plattformunabhängig
- systemübergreifend
- individuell gestaltbar
- benutzerfreundlich
- barrierefrei (Eingabemöglichkeit über Tastatur, Stift, Finger, Stimme; Einstellung in verschiedenen Sprachen; Übersetzungshilfen; Screenreader etc.)

Ein Lernmanagementsystem ist für die Lernenden da. Daher ist es wichtig, dass die Lernenden die Strukturen individuell gestalten und die Anwendungen individuell verwenden können. Es gibt Lernmanagementsysteme, in denen die von der Lehrperson gewählte Architektur in der Stammablage in der individuellen Ablage jedes Lernenden umgestaltet werden kann, ohne dass die Stammablage, auf die alle Zugriff haben, von den Änderungen betroffen ist. Die Schüler*innen können in ihrer Ablage die Anwendungen individuell nutzen und Ordnerstrukturen nach ihrer Kategorienbildung umgestalten. So kann gemeinsam gearbeitet werden unter gleichzeitiger Berücksichtigung der Individualität aller Lernenden.

7.2 Unterrichtsvorbereitungen

Es empfiehlt sich, Unterrichtsvorbereitungen digital zu erstellen und Cloud-Lösungen zu nutzen. Dadurch stehen die Unterrichtsmaterialien zu jeder Zeit und an jedem Ort zur Verfügung. Dies stellt sicher, dass man keine Unterlagen mehr vergessen kann – notfalls hat man über einen Schulrechner Zugang zur eigenen Cloud –, sodass es aus diesem Grund nicht zu Leerläufen und Stress im Unterricht kommt, was schnell zu Unterrichtsstörungen führt. Die Materialien sind durch Ordnerstrukturen, Tags oder die Suchfunktion schnell auffind- und aufrufbar. Zudem lassen sich nach einer Unterrichtsreflexion die Planungen schnell überarbeiten. Auch eine Aktualisierung oder Kombinationen der Materialien kann schnell und einfach durchgeführt werden, ohne das Dokument komplett neu zu verfassen.

   Hat die Lehrperson ihre Unterrichtsmaterialien immer zur Verfügung, kann sie auch für eine kurzfristig zugeteilte Vertretungsstunde Arbeitsmaterial finden, was dazu beiträgt, dass die Unterrichtszeit effektiv genutzt wird und Unterrichtsstörungen vermieden werden können, wodurch eine angenehme und lernförderliche Arbeitsatmosphäre entsteht. Man kann für Vertretungsstunden Material erstellen, das fächer- und altersunabhängig einsetzbar ist. Möglich ist z. B., eine Vertretungsstunde zur Medienbildung zu nutzen und Themen wie Messenger, soziale Netzwerke oder die Nutzung des Smartphones als Lernhelfer mit den Schüler*nnen zu besprechen. Material, um eine Unterrichtsstunde zu konzipieren, findet man z. B. auf Portalen öffentlicher Kampagnen zur Förderung des Medienkompetenzerwerbs.

7.3 Schaffen von Transparenz

Für eine produktive Zusammenarbeit ist Transparenz wichtig. Hier können im organisatorischen Bereich digitale Medien zu Transparenz beitragen. Es ist wichtig, dass allen zu jeder Zeit klar ist, was sie warum tun. In manchen Fällen wird diese Transparenz von der Lehrperson geschaffen, sie kann jedoch auch gemeinsam hergestellt werden.

Wird eine bestimmte Struktur in der Unterrichtsstunde vorgegeben, kann diese z. B. durch Nutzung von Webanwendungen oder Präsentationssoftware transparent gemacht werden. Es gibt Webanwendungen, mithilfe derer man auf einem Screen die Arbeitsschritte visualisieren kann. Es können z. B. ein Textfeld mit dem Arbeitsauftrag, ein Symbol für die gewählte Sozialform und ein Timer eingeblendet werden. Dadurch kann zu jeder Zeit nochmals ein Blick auf die Lernsituation geworfen werden. Diese Visualisierung kann man auch auf digitalen Folien vorbereiten. Präsentationsprogramme ermöglichen z. B. ebenfalls das Einbetten von Timern. Verwendet man kein digitales Lernmanagementsystem, in dem die Schüler*innen stets alle Arbeitsmaterialien finden, kann man den Link zu den Aktivitäten oder weiteren Informationen in Form eines QR-Codes® hinzufügen. Möchte man Dynamik in eine Aktivität bringen, kann man animierte Objekte einfügen. Auch zur Visualisierung einer Aktivität können entsprechend animierte Objekte hilfreich sein. Es können Musiksequenzen für Omniumkontaktaktivitäten integriert werden. Die Lehrperson kann die Präsentation als selbstlaufend mit jeweils definierter Anzeigedauer einrichten, um sich um den organisatorischen Rahmen nicht mehr kümmern zu müssen. Sie muss jedoch darauf achten, dass sie die Visualisierung der Arbeitsschritte wohldosiert einsetzt, da dies sonst zu einer starken Taktung und Einengung der Schüler*innen in ihrer Kreativität und Produktivität führen kann. In manchen Situationen ist ein Screen mit transparenten Angaben jedoch hilfreich.

Übernehmen die Schüler*innen die Verantwortung für die Gestaltung einer Unterrichtseinheit wie bei agilen Vorgehensweisen, können z. B. Projektmanagementanwendungen oder digitale Vorlagen verwendet werden, um die Arbeitsprozesse transparent zu machen. Alle haben jederzeit Einblick in die Entwicklungen und können die Vorgehensweise überprüfen und steuern. Wenn alle verstehen und mitentscheiden, warum sie was machen, trägt dies zu einem angenehmen und produktiven Arbeitsklima bei.

7.4 Gruppenbildung

Das Arbeiten in Gruppen aktiviert und fördert die Lernendenautonomie. Bei der kollaborativen Auseinandersetzung mit Lerninhalten können alle ihre Kompetenzen und ihr Wissen einbringen. Je nach Thema und Lernsituation ist es wichtig, dass die Schüler*innen selbst ihre Lernpartner*innen wählen können. In manchen Settings ist jedoch eine Gruppenbildung nach Zufallsprinzip sinnvoll. Dies kann z. B. der Fall sein

- bei neu zusammengesetzten Lerngruppen, um das gegenseitige Kennenlernen zu erleichtern.
- um durch Zusammenarbeit mit wechselnden Lernpartner*innen neue Ideen entstehen zu lassen.

Eine Gruppenbildung nach Zufallsprinzip ist oft zeitintensiv, wenn die Lehrperson z. B. im Abzählverfahren oder durch Ziehen von Symbolkarten die Gruppenzusammenstellung ermittelt. Die Nutzung digitaler Anwendungen kann die Gruppenbildung vereinfachen und beschleunigen. Es gibt Anwendungen, in die man die Namenskürzel der Schüler*innen eingeben kann. Diese Vorlage lässt sich für eine weitere Nutzung speichern. Dann kann man entscheiden, ob man die Gruppen nach Gruppengröße oder Gruppenanzahl einteilen möchte. Die Anwendung zeigt daraufhin direkt nach Zufallsprinzip die Zusammensetzung der Gruppen an. Die Nutzung digitaler Anwendungen hat Vorteile:

- Die Zusammensetzung wird von den Schüler*innen nicht als manipuliert empfunden.
- Die Zusammensetzung kann für Projekte, die mehr als eine Unterrichtsstunde umfassen, gespeichert und jederzeit wieder aufgerufen werden.
- Die Gruppenbildung kann projiziert und für alle dauerhaft sichtbar gemacht werden, was Nachfragen zur Gruppenzugehörigkeit vermeidet.

7.5 Digitale Ergebnissicherung

Die Sicherung von gemeinsamen Arbeitsergebnissen ist wichtig, um den Schüler*innen langfristig die erarbeiteten Lerninhalte zur Verfügung zu stellen. Die digitale Sicherung ermöglicht, in Folgestunden an Ergebnissen weiterzuarbeiten. Bei schülerzentrierten Arbeitsformen sollte die Lehrperson die Schüler*innen Arbeitsergebnisse selbst sichern lassen, um den Schüler*innen konsequent die Verantwortung für die Gestaltung der Lernprozesse zu übertragen. Eine lehrerzentrierte Sicherung würde demotivieren und den Sinn der Gruppenarbeit infrage stellen. Bei arbeitsteiligem Arbeiten bieten sich kollaborativ nutzbare Anwendungen an. Jede Gruppe gibt ihre Ergebnisse in das gemeinsame Dokument ein, sodass am Schluss ein Gesamtüberblick über das Thema entsteht, der gemeinsam evaluiert werden kann. Je nach Arbeitsform kann die Lehrperson den Schüler*innen überlassen, in welcher Form sie ihre Ergebnisse sichern möchten.

Im Plenumsunterricht kann die Live-Videotechnik genutzt werden. Immer wieder macht man vor allem bei Tafelbildern die Erfahrung, dass sie zu einem späteren Zeitpunkt nur noch schwer nachvollziehbar sind, da sie das Ergebnis, aber nicht den Prozess von Denkvorgängen zeigen. Nutzt die Lehrperson z. B. eine Whiteboard-App auf einem Tablet, kann sie das Erstellen der Tafelanschrift bzw. des Tafelbildes aufzeichnen und allen zur Verfügung stellen. Damit kann auch zu einem späteren Zeitpunkt noch mitverfolgt werden, wie das Arbeitsergebnis gemeinsam entwickelt wurde und in welchem Bezug die einzelnen notierten Aspekte zueinanderstehen. Diese Vorgehensweise hat darüber hinaus den Vorteil, dass Schüler*innen, die nicht an der Unterrichtsstunde teilnehmen konnten, die Lerninhalte besser nacharbeiten können.

Eine digitale Pinnwand erleichtert die Interaktion im Sicherungsprozess. Es können z. B. Elemente vorgegeben oder in gemeinsamer Erarbeitung angebracht und durch Ziehen strukturiert werden. Auch können Elemente in Lücken gezogen werden, um Informationen zu vervollständigen. Bei einem Puzzleformat werden die Elemente durch Ziehen entsprechend zusammengefügt.

Diese Funktionen bietet auch ein interaktives Whiteboard. Neben interaktiven Aktivitäten im Plenum und das Speichern der erstellten Inhalte bietet das interaktive Whiteboard die Möglichkeit, multimediale Inhalte einzubetten. Texte oder Bilder können im Plenum bearbeitet bzw. kommentiert werden. Arbeitsblätter können aufgerufen werden. Mithilfe eines entsprechenden Stifts können die Lösungen in der Besprechungsphase direkt hinzugefügt werden. Objekte können animiert werden. Integrierte Zeichenprogramme erleichtern die Visualisierung von Lerninhalten. Die Auswahl an Hintergründen wie Notenlinien, ein Gitternetz oder Schreiblinien erleichtern eine übersichtliche Anschrift. Da jedes Objekt bzw. jede Notiz als einzelnes Element gespeichert wird, können diese Elemente verschoben werden, wenn eine Umstrukturierung von Inhalten gewünscht wird. Es gibt allerdings auch Apps, mit denen dies alles möglich ist. Die kollaborative Nutzung eines Boards ermöglicht darüber hinaus, den Zugriff auf die Ergebnissicherung zu dezentralisieren, da sich alle an dem Erstellen der Arbeitsergebnisse mit einem Smartphone oder Tablet beteiligen können.

Bei digitalen kollaborativen Aktivitäten können auch Schüler*innen mitarbeiten, die aus unterschiedlichen Gründen nicht im Unterricht anwesend sein können. Verwendet man ein digitales Lernmanagementsystem, sehen die Schüler*innen direkt, woran gearbeitet wird und können sich beteiligen. Andernfalls kann man ihnen den Link zu den jeweiligen Aktivitäten zusenden.

7.6 Feedback

Feedback ist ein wichtiger Bestandteil von Unterrichtsentwicklung und trägt dazu bei, die Unterrichtsqualität zu verbessern. Feedback von Schüler*innen kann eingeholt werden zu einer Unterrichtsstunde, einer Unterrichtseinheit oder allgemein zur Gestaltung des Unterrichts. Es hilft, die eigene Wahrnehmung zu reflektieren und Routinen zu überdenken. Zudem ist Feedback eine wichtige Variable einer schülerorientierten Unterrichtsgestaltung. Es gibt viele digitale Möglichkeiten, Feedback einzuholen.

Vorteile einer digitalen Vorgehensweise sind, dass die Rückmeldungen direkt angezeigt und visualisiert werden. Bei den Rückmeldungen bleibt die Anonymität aller gewahrt, was vor allem bei Freitext bei handschriftlich angefertigten Angaben nicht der
Fall wäre. Die Ergebnisse der Evaluation können zudem archiviert werden, um für
eine anschließende eingehende Reflexion zur Verfügung zu stehen. Die Lehrperson
kann die Ergebnisse z. B. mit Kolleg*innen als »kritische Freund*innen« geteilt werden. Die Ergebnisse können als Grundlage dienen für eine gemeinsame Auswertung
bzw. für einen gemeinsamen Austausch über Wege, wie die Ergebnisse effektiv zur Unterrichtsentwicklung genutzt werden können. Je nach Ziel des Feedbacks kann ein
entsprechendes Format gewählt werden.

Feedback kann in Form von Schlagwörtern gegeben werden, die als Wortwolke dargestellt werden. Dabei kann man bei vielen Anwendungen entscheiden, ob Mehrfach-
nennungen im Schriftgrad größer erscheinen sollen oder ob die Rückmeldungen nicht
hierarchisiert werden. Man kann Umfragen durchführen mit Formularen, die Kurz-
antworten bzw. Freitextkommentare ermöglichen. Die Rückmeldungen erscheinen
direkt und werden chronologisch aufgelistet. Man kann Umfragen mit vorgegebenen
Auswahlmöglichkeiten erstellen. Die Ergebnisse werden z. B. in Prozentpunkten oder
in Balkendiagrammen angezeigt. Damit kann ein Stimmungs- bzw. Meinungsbild eingeholt werden. Es gibt Anwendungen, mit denen sich Smiley-Abfragen erstellen lassen. Damit lässt sich ebenfalls schnell ein Stimmungs- bzw. Meinungsbild einholen.
Auch digitale Evaluationsscheiben, durch die Aspekte oder Situationen bewertet werden können, visualisieren das Meinungsbild. Digitale Kartenabfragen können eingesetzt werden, um z. B. Meinungen, Vorschläge und Anregungen zu sammeln und zu
strukturieren. Je nach Bedarf kann somit eine entsprechende Vorlage genutzt werden.

7.7 Administrative Aufgaben

Ist in der Schule ein digitales Klassen-/Kursbuchsystem eingeführt, kann man zu jeder
Zeit und an jedem Ort darauf zugreifen. So kann die Lehrperson während der Vorbereitung bereits Inhalte für die Stundengestaltung eintragen und muss dies nicht während der Unterrichtszeit erledigen, was oft ein Auslöser für Unterrichtsstörungen ist.
Werden Hausaufgaben aufgegeben, kann die Lehrperson diese in das digitale Klassen-
buch eintragen und Schüler*innen auf diesen Bereich Zugriff geben, sodass sich alle
jederzeit und an jedem Ort nochmals über anstehende Aufgaben informieren können.
Für die Unterrichtsplanung ist die digitale Version ebenfalls hilfreich. Die Lehrperson
kann nochmals einsehen, was sie bereits mit den Schüler*innen erarbeitet hat und
welche Aktivitäten in anderen Fächern stattgefunden haben. Dadurch kann man auf
in anderen Fächern erworbene Kompetenzen und Kenntnisse aufbauen. Organisatorische Aufgaben wie das Errechnen der Fehlzeiten übernimmt das Programm, sodass
man Zeit spart, die man für die Unterrichtsplanung oder einfach für eine Ruhepause,
um neue Energie für Projekte aufzubauen, nutzen kann. Zudem können Abwesenhei-

ten von Schüler*innen bei Anruf von Erziehungsberechtigten vom Sekretariat aus direkt eingegeben werden, sodass einige Arbeitswege eingespart werden können und keine Informationen im Alltag untergehen. Ein integriertes Nachrichtensystem ermöglicht, Kolleg*innen schnell zu kontaktieren. Einladungen zu Konferenzen oder anderen Treffen, Informationen zu Vertretungsregelungen, Nachfragen zu einem Eintrag und andere Absprachen können direkt an alle oder an ausgewählte Empfänger übermittelt werden. Fehlen Einträge, kann der*die Klassenlehrer*in die entsprechenden Kolleg*innen über das Kommunikationssystem kontaktieren. Die fehlenden Angaben können orts- und zeitunabhängig nachgetragen werden. Damit muss nicht die Pause für diese administrativen Vorgänge verwendet werden. Insgesamt vereinfacht das digitale System Kommunikationswege, reduziert bzw. optimiert Arbeitsabläufe und schafft mehr Transparenz, was einen Beitrag zur Qualitätssicherung leistet.

7.8 Terminverwaltung

Im Unterricht gibt es gemeinsame Termine bzw. organisatorische Hinweise wie die Abgabe von Arbeitsergebnissen, Klassen- oder Kursarbeiten, Unterrichtsgänge, Stundenverlegungen oder Raumtausch. Damit Termine oder Hinweise nicht untergehen und für alle jederzeit einsehbar sind, kann ein gemeinsamer Kalender oder Task-Manager genutzt werden. Dieser kann in die digitale Infrastruktur integriert werden. Manche Lernmanagementsysteme enthalten bereits dieses Feature. Andernfalls kann ein Terminplaner als eigenständige Anwendung auf dem Schulserver installiert werden. Sowohl für Kalender als auch für Task-Manager können frei lizenzierte Open-Source-Lösungen genutzt werden, um datenschutzrechtliche Aspekte einzuhalten. Ein gemeinsamer Kalender vermeidet durch schriftliche Fixierung von Terminen und Hinweisen Diskussion um Absprachen. Des Weiteren erleichtert die Erinnerungsfunktion die Koordination sowie das Einhalten von Terminen bzw. die Berücksichtigung von Absprachen. Viele Anwendungen unterstützen das iCalendar-Format, das einen Austausch von Kalenderdaten ermöglicht. Einträge können dadurch in den eigenen Kalender integriert werden.

Für die eigene Terminverwaltung ist ebenfalls die Nutzung eines digitalen Kalenders, der sich geräteübergreifend synchronisieren lässt, hilfreich. Die Erinnerungsfunktion reduziert die Belastung des Gehirns. Man kann festlegen, dass eine Erinnerung zu einem bestimmten Zeitpunkt erfolgen soll. Hilfreich kann auch die ortsabhängige Erinnerungsfunktion sein. Wählt man z. B. den Dienstort, erscheint die Erinnerung, sobald man das Schulgebäude betritt.

7.9 Notenverwaltung

Die Nutzung eines Notenverwaltungsprogramms bzw. einer Notenverwaltungsapp erleichtert den Unterrichtsalltag. Neben einer Dokumentation der Noten mit automatischer Datumsangabe, können die Gewichtung der Noten und das verwendete Notensystem definiert werden. Dadurch wird die Zeugnisnote automatisch ermittelt. Eine Einzelansicht für jedes Mitglied der Lerngruppe ermöglicht, dass man den Schüler*innen oder den Erziehungsberechtigten jederzeit bei einer Besprechung Einblick in den aktuellen Stand geben kann. Die individuelle Entwicklung wird in den meisten Anwendungen zudem in Diagrammen visualisiert. In der Regel bieten die Anwendungen auch das Hinzufügen von Anmerkungen, das Erstellen von Checklisten und eine Erinnerungsfunktion an, sodass auch individuelle Angaben zu pädagogischen Aspekten hinzugefügt werden können. Bei der digitalen Notenverwaltung muss die Lehrperson darauf achten, dass datenschutzrechtliche Vorgaben eingehalten werden.

7.10 Papierarme Arbeitstasche

Digitale Medien helfen, die Arbeitstasche möglichst papierfrei zu halten. Dies hat einige Vorteile. Auf digitale Dokumente hat man bei Cloudlösungen jederzeit und an jedem Ort Zugriff. Man kann keine Materialien mehr vergessen. Materialien werden durch den Transport nicht abgenutzt. Notizzettel gehen nicht mehr verloren. Fliegende Blätter gibt es nicht mehr. Alles liegt zentral an einem virtuellen Ort und kann z. B. durch die Suchfunktion schnell gefunden werden. Die Arbeitstasche ist leichter ohne Bücher, Hefte, Ordner und Kopien. Digitale Materialien sind bearbeitbar, wobei das Original erhalten bleiben kann. Realisieren lässt sich eine papierarme Arbeitstasche,

- indem man für die Unterrichtsvorbereitungen und Arbeitsmaterialien eine Cloudlösung nutzt.
- indem ein digitales Lernmanagementsystem verwendet wird, sodass die Schüler*innen Zugriff auf die Arbeitsmaterialien haben und Kopien entfallen.
- indem eine digitale Verwaltungsanwendung (Unterrichtsplaner, Notenverwaltung, Lerngruppenmanagement etc.) verwendet wird.
- indem ein digitaler Kalender und ein digitales Adressbuch verwendet werden.
- indem je nach Bedarf eine Erinnerungsapp verwendet wird, wenn man dies vom Kalender, der eine Erinnerungsfunktion integriert hat, trennen möchte.
- indem eine Notizapp verwendet wird für Informationen, die man schnell festhalten möchte.
- indem erhaltene Dokumente mithilfe einer Scannerapp oder eines Dokumentenscanners digitalisiert werden.
- indem digitale Formulare genutzt oder Formulare digitalisiert werden; diese können digital bearbeitet und versendet werden.
- indem zu erhaltenen Lehrplänen, Handreichungen, Rundschreiben, Broschüren oder Flyern die digitale Version im Netz gesucht und abgespeichert wird.
- indem eine digitale Schulbuchversion verwendet wird.

8. Förderung des Medienkompetenzerwerbs

8.1 Didaktische Aspekte

Medienkompetenz gehört zu den Schlüsselqualifikationen. Damit Schüler*innen Medien effektiv nutzen können, ist Medienbildung nötig. Hier kann Schule begleiten und den Kompetenzerwerb fördern. Wichtig dafür ist ein Lernen mit Medien über Medien. Dies kann fächerintegrativ erfolgen oder es können fächervernetzende Lernsettings konzipiert werden. Nach der KMK-Strategie (KMK 2016, online unter: https://www.kmk.org/fileadmin/Dateien/veroeffentlichungen_beschluesse/2016/2016_12_08-Bildung-in-der-digitalen-Welt.pdf) sollte Medienbildung an allgemeinbildenden Schulen folgende Kompetenzbereiche betreffen:
- Suchen, Verarbeiten und Aufbewahren
- Kommunizieren und Kooperieren
- Produzieren und Präsentieren
- Schützen und sicher Agieren
- Problemlösen und Handeln
- Analysieren und Reflektieren

8.2 Fächerintegrative Medienbildung

Medienbildung ist komplex, da Medienkompetenz viele Bereiche umfasst. Neben technischen Aspekten geht es um ethische sowie rechtliche Aspekte, Informations- und Wissensmanagement, problemlösendes Denken, kritisches Denken, informatisches Denken, Methodenkompetenz, Nutzungskompetenz, Gestaltungskompetenzen, soziale Kompetenzen, Reflexionskompetenz, Abstraktionskompetenz, Kreativität, Selbstorganisation, Flexibilität etc. Es geht um rezeptive wie produktive Kompetenzen. Dies kann ein Fach alleine nicht leisten. Medienbildung ist Aufgabe aller Fächer. Es ist sinnvoll, sich im Kollegium bzw. in den Fachkonferenzen zusammenzusetzen und zu überlegen, wer welchen Beitrag in welcher Form leisten kann, damit die Lernangebote aufeinander aufbauen und bereits vorhandene Kompetenzen angewendet sowie weiterentwickelt werden können. Dies kann in einem Mediencurriculum festgehalten werden.

Es können auch in digitaler Form Medienkompetenzkataloge verwendet werden. Die Lehrpersonen können markieren, in welchen Kompetenzbereichen in welcher Form eine Aktivität stattgefunden hat. Dadurch können die Kolleg*innen bei der Konzeption ihrer Lernsettings die Lernvoraussetzungen prüfen und die Planung entsprechend gestalten.

8.3 Außerunterrichtliche Medienbildung

Neben der Integration von Medienbildung in die Gestaltung von Unterricht, kann es auch zusätzliche Angebote zur Förderung des Medienkompetenzerwerbs der Schüler*innen geben.

AGs

Es können AGs angeboten werden, in denen Schüler*innen ausgehend von ihren Interessen sich vertiefend mit digitalen Themen auseinandersetzen können. Diese AGs können organisiert werden z. B. von Lehrpersonen, Schüler*innen sowie Eltern. Angebote können sein:

- 3D-Modellierung und 3D-Druck
- App-Entwicklung
- CoderDojo
- digitale Spieleentwicklung
- Entwicklung von Algorithmen und Programmieren mit Mikrocontrollern
- Hackerspace
- Filmproduktion
- Makerspace
- Robotik
- Umsetzung von IoT-Anwendungen mit Mikrocontrollern

Multiplikatorenprogramme

Die Schulen können Multiplikatorenprogramme erstellen oder bestehende Angebote z. B. von Landesmedienzentren nutzen, die die teilnehmenden Schüler*innen dazu befähigen, Medienbildung aktiv mitzugestalten. Die Schüler*innen können für die Schulgemeinschaft z. B. folgende Möglichkeiten anbieten:

- Sprechstunden für individuelle Fragen
- Einführungen in die sichere Nutzung von Anwendungen
- Präsentation und Erprobung sicherer Alternativen zu beliebten, aber weniger sicheren Apps
- Mediation in Konfliktsituationen

Medienkompetenztage

Für bestimmte Jahrgangsstufen kann die Schule Medienkompetenztage anbieten. Bei der Gestaltung kann die Schule Unterstützung finden bei den Landesfortbildungsinstituten oder bei externen Anbietern, die jedoch keine wirtschaftlichen Interessen mit dem Angebot verbinden sollten.

   Mögliche Inhalte können sein, zu besprechen, welche sozialen Netzwerke wie genutzt werden. Hier können die Schüler*innen Profileinstellungen und die entsprechenden Auswirkungen testen. Da in der Regel Apps verwendet werden, weil sie im Trend liegen und von der Mehrheit genutzt werden und weniger nach qualitativen Aspekten gewählt wird, kann man gemeinsam prüfen, ob es eventuell sicherere Alternativen oder Anwendungen mit effektiveren Features gibt. Man kann auch das Verhalten in sozialen Netzwerken besprechen sowie Situationen simulieren und Effekte analysieren.

Ebenso möglich wäre die Thematisierung von effektiver Informationsaufnahme. Der Zugriff auf unendlich viele Informationen im Netz erfordert eine kritische Auseinandersetzung mit vielfältigen Perspektiven, das Erkennen von Fake News sowie das Finden von seriösen Quellen und die Nutzung vertrauensvoller Quellen für die eigene Meinungsbildung. Die Lehrperson kann mehrere Websites zu einem Thema angeben und die Schüler*innen untersuchen lassen, welche davon vertrauensvoll sind. Eine mögliche Hilfe ist dabei z. B. ein Blick ins Impressum. Man kann Schüler*innen Fake News selbst erstellen lassen. Es gibt Webanwendungen, mit denen man z. B. in Sekundenschnelle andere Websites verändern kann. Oder man nutzt Apps, die offiziell wirkende Nachrichtenvorlagen bereitstellen, die man mit eigenem Text und eigenen Bildern füllen kann. Danach wertet man gemeinsam aus, welche Auswirkungen diese einfachen Möglichkeiten der Manipulation und Verbreitung auf unsere Informationsgesellschaft haben.

Ein weiteres Thema könnte die Analyse sein, wie Data Mining, Machine und Deep Learning sowie Künstliche Intelligenz funktionieren. Es gibt Simulationsspiele, mit denen die Schüler*innen entdecken können, wie Algorithmen formuliert werden und wie sie funktionieren, wie die Vernetzung unterschiedlicher Datenquellen bzw. Daten zu einer Profilerstellung der Nutzer*innen führt und welche Auswirkungen dies z. B. auf die Hierarchisierung der Ergebnisse in manchen Suchmaschinen hat. Ebenso gibt es Simulationsspiele, um den eigenen digitalen Fußabdruck zu ermitteln. Die Schüler*innen können evaluieren, welche Auswirkungen dies z. B. bei einer Stellenbewerbung haben kann, da Personalabteilungen sich im Netz über Bewerber*innen informieren.

Ein mögliches Angebot wäre auch, das Smartphone als Medium zu sehen, um eigene Lernprozesse zu gestalten. Oft werden digitale Geräte eher im Freizeit- und weniger im schulischen Bereich genutzt. Gerade aber zur Gestaltung eigener Lernprozesse sind mobile Endgeräte eine große Hilfe. Und diese Möglichkeiten sollten vorgestellt bzw. erprobt werden, damit jeder für sich einen digitalen Workflow finden kann, der zu seiner Arbeits- bzw. Lernweise passt.

Die Lehrperson sollte einen konstruktiven Ansatz wählen. Belehrende Vorträge finden wenig Gehör. Effektiver wäre ein spielerischer bzw. handlungsorientierter Ansatz. Außerdem sollten nicht nur Risiken besprochen werden. Es ist auch wichtig, das Potenzial digitaler Medien aufzuzeigen, damit ein kompetenter Umgang mit digitalen Medien möglich wird.

Studientag

Neben oder statt Medienkompetenztagen kann ein Studientag organisiert werden. Man kann den Studientag auch für bestimmte Jahrgangsstufen statt eines Wandertags anbieten. Der Studientag kann von schulischer Seite aus organisiert werden, je nachdem ob Situationen aufgetreten sind, die thematisiert werden müssen. Für die Gestaltung kann man Landesmedienzentren oder entsprechende Beratungsstellen hinzuziehen. Diese Vorgehensweise kann z. B. sinnvoll sein,

- wenn Probleme mit Cybermobbing aufgetreten sind, die sich nicht im Klassenverband lösen lassen
- wenn man präventiv für das Thema Cybergrooming sensibilisieren möchte.
- wenn man bestimmte informationstechnische Grundlagen erarbeiten möchte.
- wenn bestimmte Internetphänomene analysiert und reflektiert werden sollen.

Der Studientag kann jedoch auch komplett oder teilweise von den Schüler*innen in Form eines Barcamps (s. Kap. 9.2) organisiert werden. Man kann das Format themengebunden oder themenoffen gestalten. Das heißt, dass Schüler*innen Themen anbieten, die sie für die anderen aufbereiten und in sogenannten Sessions diskutieren. Bei der strukturellen Gestaltung sollten die Schüler*innen frei sein. Es wären z. B. eine Vortrags- bzw. Präsentationsform, eine Moderation einer Diskussion oder ein Workshopformat möglich.

Wenn nur einzelne Jahrgangsstufen beteiligt sind, könnte man den Studientag in einem Makerspace gestalten. Je nach Ausstattung der Schule kann dies in dem schuleigenen Makerspace stattfinden. Sollte die Ausstattung wenig Möglichkeiten bieten, können auch externe Angebote, z. B. von Bibliotheken, Landesmedienzentren oder Hackerspaces, genutzt werden.

QR 18:
Beispiel eines Thementags zur
Mediennutzung

Medienprojekttage

Bei Medienprojekttagen geht es um aktive, kreative Medienarbeit. Schüler*innen erfahren dabei, wie digitale Medien zur Umsetzung ihrer Ideen durch Erstellen eigener Produkte genutzt werden können. Handlungsorient wird dabei Mediensprache erlernt, da jedes digitale Medium spezifische Ausdrucksmöglichkeiten hat. Die Medienprojekttage können organisiert werden wie allgemeine Projekttage. Schüler*innen wählen je nach Interessen aus dem Angebot aus oder bieten selbst etwas an. In einem bestimmten Zeitrahmen wird an den unterschiedlichen Medienprojekten gearbeitet, die dann an einem Präsentationstag vorgestellt werden können. Es können Ateliers angeboten werden je nach Technik, mit der dort gearbeitet wird. Die Schüler*innen entscheiden, welche Themen sie mit der Technik darstellen möchten. Mögliche Angebote können z. B. sein:

- 3D-Druck
- Bildbearbeitung
- E-Sports
- Coding
- Elektrocycling
- Fediverse
- Filmproduktion
- Geocaching
- Grafikdesign
- Greenscreen
- Klangweltenerzeugung
- Laser Cutting
- Löten von Elektronik-Kits
- Making mit Platinen
- Mapping
- Musikproduktion
- NFC-Programmierung
- Photogrammetrie-VR
- Plotten
- Podcasting
- Präsentationen
- Robotik
- Schulradio
- Sketchnoting
- Smart Textile
- Stop Motion
- Tinkering
- Videoproduktion mit Drohnen
- VR-Kreationen, evtl. mit Bau einer VR-Brille
- Webdesign

Eine weitere Möglichkeit besteht darin, die Medienprojekttage thematisch zu gestalten. Es können z. B. aktuell diskutierte Themen angeboten werden (Nachhaltigkeit, Influencer-Marketing, Raumfahrt, Demokratie und Partizipation, Bewerbung um einen Ausbildungs- oder Studienplatz etc.) und die Schüler*innen entscheiden selbst, in welcher Art sie dieses Thema digital umsetzen. Es kann ein gemeinsames Produkt entstehen oder es bilden sich kleinere Gruppen, die jeweils an anderen Medienprodukten arbeiten.

Sind keine Medienprojekttage in dem Schuljahr vorgesehen, kann auch ein Medienprojekt innerhalb der allgemeinen Projekttage angeboten werden.

QR 19:
*Beispiel für kreative Medienarbeit
bei Projekttagen*

Eduhacks

Für technikbegeisterte Schüler*innen kann die Schule an einem Wochenende ein Hackaton anbieten. Dabei geht es um die Entwicklung digitaler Prototypen im Team. Die Schüler*innen erfahren anwendungsbezogen sowie handlungsorientiert, dass sie Lösungen für bestimmte Bedarfe finden und ihre Ideen technisch umsetzen können. Es können z. B. interaktive Lernangebote oder Anwendungen, die den digitalen Workflow in der Schule erleichtern, entwickelt werden.

Game Jam

Bei einem Game Jam geht es um Kreativität, Kollaboration und Spaß am Entwickeln. In einer Zeitspanne von 24 bis 48 Stunden soll ein digitales Spiel zu einem vorgegebenen Thema entwickelt werden. Dabei wird im Team eine Spielidee entwickelt, das Spiel wird geplant und designt sowie programmiert. Zur Spielentwicklung kann eine visuelle Programmierumgebung gewählt werden. Dies ermöglicht auch Gamer*innen ohne Programmierkenntnisse einen schnellen Einstieg in die Spielentwicklung. Erfahrenere Teilnehmer*innen werden eine Game Engine zur Entwicklung wählen. Darüber entscheiden die Teams. Einen Game Jam kann die Schule an einem Wochenende für interessierte Schüler*innen organisieren. Es ist auch möglich, als Schulteam an dem Global Game Jam teilzunehmen. An diesem Event nehmen zur gleichen Zeit weltweit Teams teil. Auch Hochschulen sind vertreten. Am Ende des Jams werden die besten Spiele ausgewählt, wobei es weniger um den Wettbewerb als um den Spaß an den Game-Ideen und dem Austausch geht.

CryptoParty

Für interessierte Schüler*innen kann an einem Wochenende eine CryptoParty angeboten werden. Bei einer CryptoParty geht es um Austausch zu Verschlüsselungstechniken. Schüler*innen können sich z. B. austauschen oder informieren zu
- Festplattenverschlüsselung
- Verschlüsselung von Cloud-Daten
- E-Mail-Verschlüsselung
- Containerverschlüsselung
- Verschlüsselungssoftware
- Kryptoverfahren
- Passwortverwaltung
- Open-Source-Anwendungen

9. Weiterentwicklung der eigenen Medienkompetenz

Technischer Fortschritt ermöglicht neue Gestaltungsmöglichkeiten einer Lernkultur. Um diese Entwicklungen mitzuverfolgen, neue Ideen zu erhalten und zu entwickeln sowie Veränderungsprozesse aktiv mitzugestalten, muss die Lehrperson ihre eigene Professionalisierung kontinuierlich weiterentwickeln. Dafür gibt es viele Angebote, die man kennen und nutzen sollte.

9.1 Interne Fortbildungsangebote

Hat man Interesse an bestimmten digitalen Themen, kann man diese vorschlagen für einen Pädagogischen Tag an der Schule. Mit der Planung und Durchführung können externe Referent*innen beauftragt werden. Alternativ kann der Pädagogische Tag als Barcamp organisiert werden. Fortbildung erfolgt in diesem Fall im gemeinsamen bzw. gegenseitigen Austausch. Um in kürzeren, regelmäßigen Abständen Fortbildungsmöglichkeiten zu schaffen, können Mikrofortbildungen organisiert werden. Hier können Kolleg*innen Wünsche für digitale Themen äußern oder ein Themenangebot unterbreiten. Gemeinsam werden die Wünsche und Angebote zusammengebracht und z. B. nach dem Unterricht eine Fortbildung in kurzem Zeitrahmen (20–60 Minuten) intern organisiert. Es können in regelmäßigen Zeitabständen Austauschtreffen stattfinden, bei denen Kolleg*innen ein digitales Projekt vorstellen, das sie in dem letzten Monat durchgeführt haben. In dem gemeinsamen Austausch findet ebenfalls Fortbildung statt. An vielen Schulen gibt es Medienberater*innen oder Kolleg*innen, die monatlich News aus der digitalen Welt herausgeben. Dies ermöglicht eine kontinuierliche Fortbildung.

QR 20:
Beispielangebot zu News aus der digitalen Welt

9.2 Regionale externe Fortbildungsmöglichkeiten

In der eigenen Region kann man Angebote der Fortbildungsinstitute und Landesmedienzentren wahrnehmen. Es gibt zudem Themen- bzw. User-Gruppen, die Meetups organisieren, an denen man teilnehmen kann. Diese Angebote findet man im Internet.

Bildungsinstitutionen organisieren Netzwerktreffen. Die Informationen erhält man in der Regel über den Schulverteiler. In vielen Bundesländern werden durch Privatinitiativen Bildungsstammtische organisiert, die offen sind für alle, die sich für Bildung in einer digital geprägten Welt interessieren. Die Information sowie Organisation erfolgen in der Regel über soziale Netzwerke. Man kann sich im Netz informieren, ob in der eigenen Region Barcamps stattfinden. Barcamps sind Treffen, bei denen es erwünscht ist, dass die Teilnehmer*innen gleichzeitig auch Teilgeber*innen sind. Das heißt, dass sie Themen anbieten, die in einer Session vorgestellt oder gemeinsam besprochen werden. Barcamps können themenoffen sein oder einen thematischen Fokus haben. Bei einem Barcamp findet Fortbildung nach konnektivistischem Prinzip statt.

9.3 Überregionale Fortbildungsangebote

Da das Thema Bildung in einer digital geprägten Welt stets aktuell sein wird, gibt es viele Edu-Events, die Menschen aus unterschiedlichen Bundesländern – manchmal auch aus unterschiedlichen Ländern –, unterschiedlichen Schulformen bzw. Bildungseinrichtungen sowie unterschiedlichen Aufgabenbereichen zusammenbringen. Dadurch entsteht ein interessanter Austausch. Die Angebote reichen von Kongressen über Tagungen, Foren, einzelnen Workshops und Bildungsbrunchs bis hin zu Barcamps. Informationen dazu findet man im Netz.

9.4 Digitale Fortbildungsangebote

Kann man sich aus unterschiedlichen Gründen nicht persönlich mit Kolleg*innen treffen, finden sich viele Fortbildungsmöglichkeiten im Netz. Neben dem kontinuierlichen Austausch in sozialen Netzwerken (s. Kap. 9.5) gibt es Angebote, die in der Regel kostenlos genutzt werden können.

9.4.1 Austausch- und Mitmachplattformen

Neben kommerziellen Angeboten gibt es offene Austausch- und Mitmachplattformen. In der Regel nutzen diese ein Wiki für die Zusammenarbeit. Die geteilten Materialien stehen automatisch als offene Bildungsressourcen (OER) zur Verfügung und können von anderen überarbeitet, weiterentwickelt oder einfach kopiert werden. Fortbildung erfolgt über den Austausch mit anderen über den Zugang zu Projekten und Materialien von Kolleg*innen.

9.4.2 Blogs

Viele Kolleg*innen reflektieren Bildungsthemen oder dokumentieren Unterrichtsprojekte in ihrem Blog. Im Internet findet man Linklisten zu Blogs von Lehrer*innen. Es
ist allerdings mühsam, regelmäßig die Blogs durchzusehen, ob ein neuer Post hinzu-
gekommen ist. Daher empfiehlt sich die Nutzung eines RSS-Readers. Die meisten
Blogs bieten einen RSS-Feed an, den man abonnieren kann, sodass auf der Startseite
des RSS-Readers automatisch neue Artikel der abonnierten Blogs erscheinen.

9.4.3 MOOCs

Unter MOOCs versteht man offene Onlinekurse. Manche Universitäten bieten Plattformen für MOOCs an. Es gibt jedoch auch kommerzielle Anbieter. Die Themen sind
vielfältig. Man schreibt sich in den Kurs oder die Kurse der eigenen Wahl ein, was in
der Regel kostenlos ist. Nun kann man im eigenen Tempo die Inhalte durcharbeiten
oder sich je nach Interesse auch nur einzelne Module ansehen. Manche Kursanbieter
bieten ein Zertifikat für die Teilnahme als Fortbildungsveranstaltung an, das bei er-
folgreichem Durcharbeiten der Module automatisch generiert wird. Es gibt für die
Kurse jeweils ein Startdatum. Die Kursinhalte bleiben jedoch in der Regel dauerhaft
im Netz, sodass sie auch zu einem späteren Zeitpunkt bearbeitet werden können. Nach
der offiziellen Kursdauer werden allerdings die Aktivitäten z. B. im Forum nicht mehr
betreut, was jedoch das selbstständige Arbeiten mit den Modulen nicht beeinträchtigt.

QR 21:
MOOC Smartphone Basics für den
Unterricht

9.4.4 Podcasts

Zu digitalen Themen werden täglich neue Podcasts produziert. Sucht man nach spe-
ziellen Themen, kann man Portale mit Suchfunktion nutzen. Es gibt Podcaster, die
Folgen zu einem bestimmten Themenbereich produzieren. In diesem Fall kann man
den Podcast abonnieren und sieht die neuen Beiträge auf der Startseite der Podcast-
App. Man kann Podcast-Folgen herunterladen, um sie unterwegs offline zu hören. So
kann man Warte- und Fahrzeiten für die eigene Fortbildung nutzen.

9.4.5 Videoplattformen

Wer audiovisuelle Fortbildungsmöglichkeiten bevorzugt, kann Videoplattformen nutzen. Man findet Mitschnitte von Kongressen und Tagungen, News zu digitalen Themen sowie Tutorials zu digitalen Medien und Anwendungen. Manche Landesmedienzentren haben einen eigenen Kanal auf der Plattform, auf dem sie Videos zu digitalen Themen veröffentlichen. Es gibt zahlreiche Kolleg*innen, die Videos über Bildungsthemen oder Videos zum Einsatz im Unterricht erstellen und zur Verfügung stellen. Diese Kanäle kann man abonnieren, um auf der Startseite über neue Beiträge informiert zu werden. Man kann zudem nach Themen suchen. Es gibt kaum ein Thema, zu dem es nicht News oder Tutorials gibt. Videoplattformen sind somit eine unerschöpfliche Quelle für Fortbildungsangebote.

9.4.6 Webinare

Webinare sind Seminare, die im Web stattfinden. Anbieter sind z. B. Universitäten, Stiftungen, Medienzentren, Verlage und Softwareunternehmen. In der Regel dauern Webinare zwischen 30 und 60 Minuten. Da Webinare auch über eine entsprechende App für Smartphones oder Tablets übermittelt werden können, kann man von jedem Ort aus teilnehmen. Man kann auch unterwegs nur einmal kurz reinsehen. Das Angebot ist offen. In den Webinaren ist oft die Referentin bzw. der Referent zu sehen, es werden Präsentationsfolien zur Visualisierung der Inhalte eingeblendet und es gibt einen Chat, über den man Fragen stellen oder sich mit den anderen Teilnehmer*innen über einen Aspekt austauschen kann. In der Regel werden Webinare aufgezeichnet, sodass das Angebot auch zu einem späteren Zeitpunkt genutzt werden kann.

QR 22:
*Aufzeichnung eines Webinars zu
digitalen Fortbildungsmöglichkeiten*

9.5 Digitale Vernetzung

Für die eigene Professionalisierung ist es hilfreich, sich ein persönliches Lernnetzwerk aufzubauen. Man kann sich mit Kolleg*innen mit ähnlichen Interessen in Messenger-Gruppen austauschen. Für eine Vernetzung über das Lehrerzimmer hinaus können soziale Netzwerke genutzt werden. Microblogging-Dienste wie Mastodon oder Twitter sind eine wertvolle Quelle für Inspiration. Wenn man startet, sucht man über

Hashtags (#) die zu den eigenen Interessensgebieten passen, Kolleg*innen, die sich dazu austauschen. Diesen folgt man, um neue Beiträge in der Timeline direkt zu sehen. Man kann nachsehen, welchen Personen die Kolleg*innen folgen. Wenn das zu den eigenen Interessen passt, kann man auch ihnen folgen. So entsteht langsam ein persönliches Lernnetzwerk. Man kann auf die Beiträge der anderen antworten, die Beiträge in seiner eigenen Timeline teilen oder einfach nur liken, um ein positives Feedback zu geben. Auf Facebook kann man Gruppen beitreten, die sich zu digitalen Themen austauschen. Auf Instagram findet man durch Nutzung entsprechender Hashtags Kolleg*innen, die Einblicke in Unterrichtsprojekte und eigene Materialien posten. Über die Hashtags findet man zudem Challenges, die zu Bildungsthemen oder über den Lehrerinnen- und Lehreralltag organisiert werden. In der Regel wird einen Monat lang jeden Tag ein Thema angegeben, das man visualisiert und das Foto oder das Video postet. Über Abonnieren von Hashtags oder von einzelnen Instagram-Accounts sieht man regelmäßig diese Posts, kann Kommentare hinzufügen oder die Fotos/Bilder liken. Auch dadurch entsteht ein Netzwerk.

QR 23:
Beispiel für Vernetzungsmöglichkeiten über eine selbst administrierte Mastodon-Instanz

10. Hands-on

Digitale Medien bieten unendlich viele Möglichkeiten, Lernen konnektivistischer, individueller, nachhaltiger, handlungsorientierter, motivierender sowie zeitökonomischer zu gestalten. Lehrer*innen sollten sich von den Möglichkeiten aber nicht erschlagen fühlen. Es ist unmöglich, alles auf einmal einzusetzen. Es ist vielmehr sinnvoll, aus den vorgestellten Methoden auszuwählen, was für die eigenen Arbeitsbedingungen, die eigene Lerngruppe und die Struktur der jeweiligen Lerninhalte geeignet ist, und damit beginnen, womit man sich selbst als Lehrperson wohlfühlt. Dann kann nach und nach das Methodenrepertoire erweitert werden.

Obwohl die Entdeckung einer neuen App Impulse für neue Unterrichtsideen geben kann, geht es nicht darum, diese App, nur weil sie momentan beliebt ist, unbedingt im Unterricht einzusetzen. Sinnvoller ist es, das eigene Methodenrepertoire zu erweitern durch die Ideen, die durch das Ausprobieren einer neuen App entstehen. Dadurch ist man in der Lage, für ein Lernsetting das geeignete Medium und die geeignete Methode zu wählen, und das muss nicht unbedingt immer digital sein. Es geht auch nicht um eine App-Flut, sondern um das Etablieren eines digitalen Workflows, und das geht auch mit wenigen Anwendungen, die durch App Smashing miteinander verbunden werden können.

Wichtig für die Nutzung digitaler Medien ist, nicht einfach alte Strukturen digitalisieren zu wollen, sondern das Potenzial zu sehen für eine Weiterentwicklung von Lernkulturen.

Zum Schluss noch ein paar praktische Angaben.
Bei digitalen Aktivitäten wird man sich immer wieder mit Fragen des Urheber- und Internetrechts sowie zum Datenschutz auseinandersetzen müssen. Zum Erstellen von digitalen Produkten braucht man z. B. immer wieder Bild- und Tonmaterial. Als Lehrperson sucht man zudem die ein oder andere Unterrichtsidee im Netz. Um urheberrechtliche Vorgaben einzuhalten, empfiehlt es sich, auf freie Bildungsressourcen (OER) zurückzugreifen.

QR 24:
Informationen zu OER

Arbeiten Schüler*innen mit Anwendungen, muss die Lehrperson auf die Einhaltung von datenschutzrechtlichen Vorgaben achten. Daher sollten Anwendungen genutzt werden, bei denen Schüler*innen sich nicht mit ihren persönlichen Daten registrieren bzw. anmelden müssen. Dies kann die Lehrperson z. B. vermeiden, indem sie einen Klassenaccount anlegt und den Schüler*innen die Zugangsdaten mitteilt. Möchte man sichergehen, dass nicht unbemerkt fachfremde Beiträge erscheinen, kann man am Ende der Unterrichtsstunde das Passwort ändern und weiteren Zugriff somit unterbinden. Bei Verwendung eines Klassenaccounts sollten schuleigene Geräte verwendet werden, damit nicht die IP-Adresse der Geräte der Schüler*innen getrackt wird, welche ebenfalls unter personenbezogene Daten fällt. Die Lehrperson kann auch frei lizenzierte Open-Source-Software auf dem Schulserver installieren bzw. installieren lassen, sodass bei entsprechender Konfiguration die Daten der Schüler*innen ebenfalls geschützt werden.

QR 25:
Übersicht über Open-Source-
Anwendungen

Werden digitale Medien eingesetzt, um Lernprozesse zu unterstützen und Lernkultur zu verändern bzw. weiterzuentwickeln, kann Schule einen wichtigen Beitrag leisten zur Gestaltung der digitalen Transformation in der Gesellschaft. Und es ist eine der Aufgaben von Schule, Schüler*innen dazu zu befähigen, dass sie in unserer komplexen Welt gesellschaftliche Prozesse kompetent, selbst- sowie verantwortungsbewusst, kritisch sowie demokratisch denkend mitgestalten. Und dafür ist lebenslanges Lernen eine Voraussetzung, wozu als eine der Schlüsselkompetenzen Medienkompetenz nötig ist.

11. Literatur

11.1 Printquellen

Bertelsmann Stiftung (2015): Individuell fördern mit digitalen Medien. Gütersloh, Verlag Bertelsmann Stiftung.

Dörner, Ralf; Broll, Wolfgang; Grimm, Paul; Jung, Bernhard (2013): Virtual und Augmented Reality (VR/AR) – Grundlagen und Methoden der Virtuellen und Augmentierten Realität. Berlin, Springer.

Frenzel, Karolina; Müller, Michael; Sottong, Hermann (2006): Storytelling – Das Praxisbuch. München, Carl Hanser Verlag.

Hattie, John (2015): Lernen sichtbar machen. Baltmannsweiler, Schneider Verlag Hohengehren.

Helmke, Andreas (2015): Unterrichtsqualität und Lehrerprofessionalität. Seelze, Klett-Kallmeyer.

Herber, Erich (2012): Augmented Reality – Auseinandersetzung mit realen Lernwelten. In: E-Learning allgegenwärtig, Themenheft Zeitschrift für e-Learning, 03/2012, S.7–13.

Herrmann, Ulrich (2009): Neurodidaktik. Weinheim und Basel, Beltz.

Hopp Foundation (2018): Design Thinking und Schule. Weinheim, Hopp Foundation.

Kiel, Ewald (2012): Unterricht sehen, analysieren, gestalten. Bad Heilbrunn, Klinkhardt.

Klemm, Michael (2017): Bloggen, Twittern, Posten & Co. In: Rhetorik, 36/2017, Heft 1, S. 5–30.

Kunter, Mareike; Trautwein, Ulrich (2013): Psychologie des Unterrichts. Paderborn, Ferdinand Schöningh.

Marquardt, Anja; Starzmann, Nadine (2017): Digitale Spiele. Der virtuelle Raum im Sportunterricht. In: SportPraxis, 11 + 12/2017, S. 56–60.

Müller, Horst (2006): Mind Mapping. Planegg, Haufe.

Schweiger, Wolfgang; Fahr, Andreas (2013): Handbuch Medienwirkungsforschung. Wiesbaden, Springer.

Sebe-Opfermann, Andreas (2013): Kooperation in projektbasierten Lehr-Lern-Arrangements. Münster, Waxmann.

Stebler, Rita; Maag Merki, Katharina (2010): Zweisprachig lernen. Münster, Waxmann.

Ullrich, Mark; Schnotz, Wolfgang; Horz, Holger; McElvany, Nele, Schroeder, Sacha; Baumert, Jürgen (2012): Kognitionspsychologische Aspekte eines Kompetenzmodells zur Bild-Text-Integration. In: Psychologische Rundschau 63/2012, S. 11–17.

Vaupel, Dieter (2014): Individualisiertes Lernen in der Sekundarstufe – Mit Wochenplänen kompetenzorientiert unterrichten. Weinheim, Beltz.

Wimmer, Jeffrey (2018): Die digitale Zukunft der Bildung als Herausforderung. Das Fallbeispiel Computerspiele. In: Communicatio socialis 51/2018, Heft 2, S. 206–217.

11.2 Internetquellen

letzter Zugriff: 27.05.2019

Anfang, Günther: Aktive Medienarbeit, unter: http://www.d-a-s-h.org/dossier/14/02_aktive_medienarbeit.html

Brandt, Susanne: Kamishibai-Erzähltheater – eine alte Kunst neu entdeckt für die frühkindliche Sprach- und Leseförderung, unter: https://opus4.kobv.de/opus4-bib-info/files/1064/Vortrag_Kamishibai_Langfassung.pdf

Breakout EDU: Breakout EDU, unter: https://www.breakoutedu.com

Caracciolo, Luca: Spatial Computing, unter: https://youtu.be/Ft86zr8yAxw

Clker.com: Clip Art »Stop 2« unter CC0 1.0, unter http://www.clker.com/clipart-7750.html

Clker.com: Clip Art »Water Drop« unter CC0 1.0, unter http://www.clker.com/clipart-10571.html

Clker.com: Clip Art »Weather Sunny« unter CC0 1.0, unter: http://www.clker.com/clipart-6492.html

Deutsche Mathematiker-Vereinigung: Das MathCityMap-Team, unter: https://www.mathematik.de/des-monats/2350-mathcitymap-ist-mathemacher-des-monats-juni-2018

eduSCRUM: eduSCRUM® – Zusammenarbeit, die Flügel verleiht, unter: https://eduscrum.nl/de/

e-teaching.org: Online-Lerntagebuch – ein Unterstützungsmedium für Lehr-Lernverhältnisse, unter: https://www.e-teaching.org/praxis/erfahrungsberichte/onlinelerntagebuch

Faust, Tanja: Storytelling – Mit Geschichten Abstraktes zum Leben erwecken, unter: https://static1.squarespace.com/static/591ab896579fb30e8c43f2ae/t/59b02bb2f43b55d74587d27c/1504717748197/5.23+Faust.pdf)

Fraunhofer HHI: Fraunhofer HHI hat erstes volumetrisches Videostudio auf dem europäischen Festland in Betrieb genommen, unter: https://www.hhi.fraunhofer.de/presse-medien/nachrichten/2018/fraunhofer-hhi-hat-erstes-volumetrisches-videostudio-auf-dem-europaeischen-festland-in-betrieb-genommen.html

Giovanoli, Aline; Alder, Claudia: Nachteilsausgleich für Primarschulkinder mit Dyslexie – Analyseinstrument und Umsetzungshilfen, unter: www.szh.ch/bausteine.net/f/40235/Giovanoli_SZH_9_13_13.pdf?fd=3

Gotzen, Susanne: Projektbasiertes Lernen, unter: https://www.th-koeln.de/mam/downloads/deutsch/hochschule/profil/lehre/steckbrief_projektbasiertes_lernen.pdf

Hellriegel, Jan; Čubela, Dino: Das Potenzial von Virtual Reality für den schulischen Unterricht, unter: https://www.medienpaed.com/article/view/659/645

Helmke, Ann-Christin: Blackout Poetry – Eine kreative Schreibübung für visuelle Gedichte, unter: https://federschrift.de/2018/09/blackout-poetry-eine-kreative-schreibuebung-fuer-visuelle-gedichte/

Hennig, Sonja: Plan B: Kurskiosk – Kurzfortbildung auf Bestellung, unter: https://sonnigeeinsichten.jimdo.com/2017/09/06/plan-b-kurskiosk-kurzfortbildung-auf-bestellung/

Hornung-Prähauser, Veronika; Geser, Guntram; Hilzensauer, Wolf; Schaffert, Sandra: Didaktische, organisatorische und technologische Grundlagen von E-Portfolios und Analyse internationaler Beispiele und Erfahrungen mit E-Portfolio-Implementierungen an Hochschulen, unter: https://www.fnm-austria.at/fileadmin/user_upload/documents/Abgeschlossene_Projekte/fnm-austria_ePortfolio_Studie_SRFG.pdf

Janssen, Jan-Keno: Im Foto spazierengehen, unter: https://epaper.heise.de/download/archiv/cdb190333253/ct.16.09.072-073.pdf

Karpa, Dietrich; Lübbecke, Gwendolin; Adam, Bastian: Außerschulische Lernorte – Theoretische Grundlagen und praktische Beispiele, unter: http://www.schulpaedagogik-heute.de/SHHeft14/01_Basisartikel/01_06.pdf

Kultusministerkonferenz: Bildung in der digitalen Welt, unter: https://www.kmk.org/fileadmin/Dateien/veroeffentlichungen_beschluesse/2016/2016_12_08-Bildung-in-der-digitalen-Welt.pdf

Laguna, Gail: How You Can Explore Nefertari's Tomb in Hyper-Realistic VR, unter: https://blogs.nvidia.com/blog/2018/10/31/explore-nefertaris-tomb-vr-virtual-reality/

Lambton County Librairy: Laser Cutter in the Makerspace, unter: https://youtu.be/HvPLOc_ob2s

Mayrberger, Kerstin: Agilität und (Medien-)Didaktik – eine Frage der Haltung?, unter: https://www.synergie.uni-hamburg.de/de/media/ausgabe03/synergie03-beitrag02-mayrberger.pdf

Medienpädagogischer Forschungsverbund Südwest (mpfs): JIM-Studie 2018 – Jugend, Information, (Multi-) Media, unter: https://www.mpfs.de/fileadmin/files/Studien/JIM/2018/Studie/JIM_2018_Gesamt.pdf

Miesenberger, Klaus: Barrierefreie Medien – Voraussetzung für inklusive Bildung, unter: https://youtu.be/B_YNXNQgc9M

Ministerium für Bildung und Kultur des Saarlandes: Lehrpläne und Handreichungen, unter: https://www.saarland.de/lehrplaene.htm

Neitzel, Svenja; Rensing, Christoph: Automatische Sammlung von Aktivitäten Lernender in offenen Lernumgebungen und deren Nutzung in einer Lerntagebuchanwendung, unter: https://dl.gi.de/bitstream/handle/20.500.12116/4844/B21%20Automatische%20Sammlung%20von%20Aktivitäten%20Lernender%20in%20offenen%20Lernumgebungen%20und%20deren%20Nutzung%20in%20einer%20Lerntagebuchanwendung.pdf?sequence=1&isAllowed=y

Notari, Michele; Döbeli Honegger, Beat: Der Wiki-Weg des Lernens, unter: http://buch.wikiway.ch/2013-der-wiki-weg-des-lernens.pdf

Reinmann, Gabi: Didaktisches Design – Von der Lerntheorie zur Gestaltungsstrategie, unter: https://l3t.tugraz.at/index.php/LehrbuchEbner10/article/viewFile/18/27

Sánchez Medero, Gema: El aprendizaje universitario activo y colaborativo, y el rendimiento académico. Una wiki para la ciencia política y de la administración y las relaciones internacionales, unter: https://eprints.ucm.es/43453/1/informe.pdf

Schleicher, Andreas: 21st Century Skills, unter: https://youtu.be/Ibb5KE6Cl_w

Stepper, John: Working Out Loud, unter: http://workingoutloud.com/en/circle-guides/

Stiftung MedienKompetenz Forum Südwest: Ohrenspitzer, unter: https://www.ohrenspitzer.de/home/

Venzke-Caprarese, Sven: Standortlokalisierung und personalisierte Nutzeransprache mittels Bluetooth Low Energy Beacons, unter: https://www.datenschutz-notizen.de/wp-content/uploads/2014/11/iBeacons_und_Datenschutz.pdf

Victor, Bred: Explorable Explanations, unter: http://worrydream.com/ExplorableExplanations/

Wikipedia: Wie schreibe ich gute Artikel, unter: https://de.wikipedia.org/wiki/Wikipedia:Wie_schreibe_ich_gute_Artikel

Wilke, Adrian: Das SAMR Modell von Puentedura, unter: http://homepages.uni-paderborn.de/wilke/blog/2016/01/06/SAMR-Puentedura-deutsch/

Wunderlich, Daniel: Punkt, Punkt, Semikolon, Strich – Grafikorientierte Einführung in die Programmierung mit Processing, unter: https://dl.gi.de/bitstream/handle/20.500.12116/2022/309.pdf?sequence=1&isAllowed=y

Zielinski, Wolfgang; Aßmann, Sandra; Kaspar, Kai; Moormann, Peter: Spielend lernen! Computerspiele(n) in Schule und Unterricht, unter: https://www.pedocs.de/volltexte/2018/14871/pdf/Zielinski_Assmann_Kaspar_Moormann_2017_Spielend_lernen_2.pdf

12. QR-Code®-Verzeichnis

Nr.	Titel	Link	zu Kapitel	auf Seite
QR 1	Informationen für eine effektive Internetrecherche mit einer Vorlage für die Schüler*innen	https://monika-heusinger.info/blog/internetrecherche	2.1	15
QR 2	Beispiel eines durch Zeichnungen (Tafel und Kreide) erstellten Stop-Motion-Videos zum Thema Demokratie und Freiheit	https://youtu.be/6ItBkX6TCSs	2.1	21
QR3	Cheatsheet – Darstellungsformen	https://monika-heusinger.info/content/02-blog/125-lb/cheatsheet.pdf	2.1	23
QR 4	Digitale Lerntheke zur Wiederholung von Lerninhalten einer Unterrichtseinheit	https://monika-heusinger.info/play/1-2	2.2	26
QR 5	Beispiel einer selbstständigen Erarbeitung eines Lehrwerkmoduls in Klassenstufe 10	https://monika-heusinger.info/blog/scrum	2.7	32
QR 6	Beispiel für einen Evaluationsbogen zur Bewertung einer digitalen praktischen Arbeit	https://monika-heusinger.info/content/02-blog/125-lb/praktisch.pdf	2.13	40
QR 7	Überblick über die Themen eines Lehrwerks als Erinnerungshilfe für Wiederholungsaktivitäten	https://youtu.be/3YSM9GJvrAs	3.6	57
QR 8	Beispiele eines G-Kurses der Jahrgangsstufe 12 für filmische Umsetzungen von Phänomenen einer Diktatur	https://monika-heusinger.info/blog/geschichte-stopmotion	3.6	58
QR 9	Beispiele für eine Kurzvorstellung anhand von landestypischen Objekten in Klassenstufe 5	https://youtu.be/RYxeZdjmNqw	3.9.2	65

Nr.	Titel	Link	zu Kapitel	auf Seite
QR 10	Beispiel Sprichwörter im Deutsch- oder Fremdsprachenunterricht	Lösung: Eine Hand wäscht die andere	3.10	66
QR 11	Beispiele für die Nutzung von Wortwolken	https://monika-heusinger.info/blog/wortwolken	3.12	68
QR 12	Beispiele für virtuelle Welten in Open World Games	https://monika-heusinger.info/blog/virtuelle-welten	3.25	81
QR 13	Beispiel für die Nutzung eines Location-based Games	https://monika-heusinger.info/blog/pokemon	3.30.1	91
QR 14	Unterrichtsplanung zum Thema Kleinanzeigen für eine Lerngruppe der Klassenstufe 9	https://monika-heusinger.info/content/02-blog/46-paducation/annonces.pdf	3.33	96
QR 15	Beispiel für das Erstellen eines Textadventures	https://monika-heusinger.info/blog/twine	5.2.1	110
QR 16	Plattformen zum Erstellen von interaktiven Aktivitäten und Unterrichtsbeispiele zur Nutzung der Formate	https://monika-heusinger.info/blog/interaktive-aktivitaeten	5.3.4	115
QR 17	Beispiel eines Breakouts in Klassenstufe 10 zum Wiederholen der Lerninhalte einer Lehrwerkslektion vor einer Klassenarbeit	https://monika-heusinger.info/play/2-6	5.4	116
QR 18	Beispiel eines Thementags zur Mediennutzung	https://monika-heusinger.info/blog/lernen	8.3	145
QR 19	Beispiel für kreative Medienarbeit bei Projekttagen	https://monika-heusinger.info/play/pt17	8.3	147
QR 20	Beispielangebot zu News aus der digitalen Welt	https://monika-heusinger.info/blog/whasup	9.1	148
QR 21	MOOC Smartphone Basics für den Unterricht	https://monika-heusinger.info/blog/smartphone	9.4.3	150
QR 22	Aufzeichnung eines Webinars zu digitalen Fortbildungsmöglichkeiten	https://monika-heusinger.info/blog/fobidigital	9.4.6	151

Nr.	Titel	Link	zu Kapitel	auf Seite
QR 23	Beispiel für Vernetzungsmöglichkeiten über eine selbst administrierte Mastodon-Instanz	https://monika-heusinger.info/blog/mastodon	9.5	152
QR 24	Informationen zu OER	https://monika-heusinger.info/blog/oer	10	153
QR 25	Übersicht über Open Source-Anwendungen	https://monika-heusinger.info/blog/privacy	10	154